JN427181

힐링 시네마 다이어리

발　행 | 2015년 2월 10일
지은이 | 양진오
펴낸이 | 홍덕률
펴낸곳 | 열린길
경북 경산시 진량읍 대구대로 201
전화 053) 850-5661~3 | 팩스 053) 850-5669
http://press.daegu.ac.kr/
등　록 | 2007년 4월 19일 제2007-3호
찍은곳 | 태양문화사(이성귀)
대구시 달서구 문화회관11안길 12-5(장동)
전화 053) 256-0694
ISBN 978-89-964981-8-6-04300
정　가 | 13,000원

힐링 시네마 다이어리

양진오 지음

열린길

서문

힐링, 개념이 아니라 생활의 축제

'힐링'을 더는 이야기하지 않는 지금, 『힐링 시네마 다이어리』를 펴내는 마음이 편치는 않다. 그렇지만 이 원고를 더는 묵히지 않고 세상에 내보내기로 결심했다. 원고를 다 쓰고 나니 막차를 놓친 듯 허하다. 힐링이 뭔가 싶어 원고에 몰두하다 오랜만에 창밖을 내다보니 이제 그 누구도 힐링을 이야기하지 않는다. 이 노릇을 어찌해야 하나? 그렇지만 『힐링 시네마 다이어리』의 원고들과 나는 작별해야 한다. 힐링이 이야기되고 안 되고, 이게 중요한 게 아닌 까닭이다. 힐링의 유행 여부보다 중요한 건 진정한 힐링을 창조하고 실천하는 삶이라는 말이다.

힐링은 개념으로 이해되거나 학습될 어떤 게 아니다. 힐링은 이 황망한 세상과 마주한 이가, 그 황망한 세상의 무게를 감당하면서 생성하는 자기 구원의 동력이다. 이 세상, 참으로 황망하다. 아니 때로는 공포스럽다. 그 황망과 공포의 상징이 세월호 침몰 사건 아니겠는가. 보석처럼 고운 아이들이 수장되었다. 믿기지 않았다. 아니 믿고 싶지 않았다. 언론 매체로 시시각각 보도되는 이 사건의 경과와 부모들의 애통을 보고 듣자니 힐링을 말하는 게 사치스러웠다. 세월호 사건 이후, 어른들은 죄인일 수밖에 없었다. 그러나 이렇게 끝내야 하는 건가? 그건 아닐 게다.

이 세상이 황망하고 공포스럽지만, 자기 구원의 가능성을 아예 접지는 말았으면 싶다. 뜬금없이 희망을 말하자는 게 아니다. 그저 오늘의 이 순간과 시간을 외면하지 말자는 거다. 오늘이라는 이 시간, 우리가 감당해야 할 삶의 위기가 한 둘이 아니다. 그렇지만 겉고, 인정하고, 결별하고, 기억하면서 이 황망한 오늘을 감당하며 오늘의 '나'를 재창조하자는 것이다. 요컨대 힐링은 타자가 '나'에게 주는 치유의 선물이 아니다. 힐링은 황망한 오늘을 '나'의 오늘로 재구성하며 새로운 '나'를 만들어가는 주체 구성의 축제이다. 오늘의 '나'는 어제의 '나'와 결별해야 한다. 아주 과감히 말이다. 그리고 미래의 '나'는 오늘의 '나'와 결별해야 한다. 더 과감히 말이다. 그러면서 새로운 '나'들이 탄생되어야 한다.

2013년 한 해 이 원고에 매달렸다. 마침 연구년이었다. 강의 부담이 없었다. 다행히 원고에 집중할 수 있었다. 위기에 몰린, 파국의 경계에 선 주인공들의 간단치 않은 삶을 그린 영화들을 어떤 이유에서인지 보게 되었고, 자연스레 이 영화의 주인공들로부터 원고의 단서를 얻을 수 있었다. 그렇지만 영화를 본격적으로 공부한 처지가 아니다보니 원고 작성이 생각처럼 쉽지는 않았다. 내가 이 영화들에서 눈여겨

본 건 자기 구원의 가능성을 모색하고 실천하는 주인공들의 계기였다. 나는 이 영화를 한편의 서사로 독해했으며 그 서사의 변곡점에서 주인공들이 어떻게 자기 구원이 가능성을 열어 가는가를 집중해 고찰했다.

이 영화의 주인공들은 근대체제의 외부에서 새로운 시간을 기억하거나 치욕스런 과거이지만 그 과거를 인정하면서 새로운 '나'를 만들어 갔다. 이 영화의 주인공들은 가공할 폭력과 모멸에도 불구하고 받아들여야 할 삶의 진실은 받아들이면서 낡은 '나'와 결별했다. 다른 영화의 주인공들보다 이들이 더 사랑스럽고 정겹고 밉고 아프게 공감되었다. 그렇고 보니 이들에게서 힐링은 생활의 차원에서 전개되는 희노애락의 결정(結晶)으로 보였다. 이 책이 그 결정(結晶)의 진가를 더 드러내주기를 기대한다. 마지막으로 『힐링 시네마 다이어리』를 출간하기까지 지원을 아끼지 않아 주신 대구대학교 DU문화원 선생님들께 깊은 감사의 인사를 전하며, 이 부족한 필자와 인연을 이어가고 계신 여러 지인들께도 '같이' 힐링하자고 감사와 격려의 인사를 드린다.

2014년 12월

만촌 서재에서 양진오

목 차

제1장

근대체제의 외부로 혹은 기억의 재구성

「시간의 숲Forest of Time」, 내 마음 속의 조몬스기

[감독] 송일곤
[출연] 박용우, 타카키 리나
[장르] 다큐멘터리
[상영시간] 96분
[개봉일] 2012.04.19

1. 숲으로, 치유의 시간으로

천년의 시간이 '존재'하는 숲이 그립다. 천년의 시간을 이어가며 고고한 생명을 잉태하는 아름드리 거목이 존재하는 숲. 그런 숲이 그립다. 그런 숲은 숲이면서도 숲이 아닐 게다. 그런 숲은 숲이면서 생명 그 자체일 게다. 이렇게 말하고 나니, 갑자기 숲이 '더' 그립다. 다람쥐 쳇바퀴 돌듯 하는 일상을 뒤로 하고 천년의 시간이 '존재'하는 숲 속으로 '확' 들어가고 싶다. 그런데 안타깝다. 정말 그런 숲이 우리 주변에 있기나 한 걸까? '힐링'이 범람하는 오늘날, 진정 우리를 위로해 줄 힐링의 숲이 있을지 의문스럽기만 하다.

숲 하나가 연상된다. 경주의 계림. 울창하게 우거진 숲은 아니다. 아니 계림을 숲으로 부르는 게 어색할 수 있다. 울창한 숲이라는 표현과 계림은 썩 어울리지는 않는다. 게다가 계림은 사람의 출입이 허락된 경주의 유명 관광지가 아닌가. 그래도 계림의 거목들이 존경스러웠다. 뭐랄까, 계림의 거목들이 절대적인 신성의 표징처럼 보인 까닭이다.

근대의 시간 이전 언제부터인가 잉태되어 지금까지 존재하는 계림의 거목들이 존경스러웠다. 그랬다. 존경스러웠다. 그 천년의 시간을 이어 가며 거목의 형상으로 존재하는 계림의 생명들이 존경스러웠다. 진심이었다. 경주에 얼마간 살면서 계림을 종종 찾은 일이 있다. 순간순간 내 자신이 한심해보일 때 그랬다. 박인환 시인의 시의 한 대목처럼 삶이 "거저 잡지의 표지처럼 통속" 같다고 느껴질 때 계림의 거목들을 찾았던 기억. 그 기억이 여전하다.

이렇게 숲을 그리워하던 중 정지아의 단편 「숲의 대화」를 읽게 되었다. 절창이었다. 말문이 막혔다. 이게 문학이구나 싶었다. 정지아가 누구던가. 20대 나이에 『빨치산의 딸』로 한국문단을 뒤집은 작가가 아니던가. 『빨치산의 딸』은 1980년대 한국문학계의 진보 아이콘이었다. 분위기가 그랬다. 이태의 『남부군』에 뒤이어 세상에 나온 『빨치산의 딸』은 한국 현대사의 금기를 정면으로 건드린 처절한 기록이었다. 진보주의자를 자처하는 이들이 『빨치산의 딸』에 열광했다. 「숲의 대화」는 그 열광이 소멸된 지점에서 피어오른, 그래서 오히려 문학의 신비한 깊이를 드러낸 소설이었다. 「숲의 대화」의 한 대목.

> 흐르르, 바람이 세월을 밀어낸다. 그의 시간 한 줌이 바람 속에 흩어져 흘러간다. 잣나무 가지가 쉴 새 없이 살랑이고 그 사이로 갓난아이 눈망울 같은 햇살이 어룽거린다. 아내가 묻힌 자리, 1년도 채 지나지 않았건만, 눈 밝은 사람이 아니라면 찾을 길 없이 녹음 짙푸러 여기가 거긴지 거기가 여긴지 풍경 사뭇 다르다. 매일 오는데도 한재 정상 잣나무숲은 매일 모습을 바꾼다. 흐르르, 바람결에 흔들리며 어룽어룽 숲 바닥에 내려앉는 햇살이 아내의 웃음처럼 수줍다.

이념의 치열한 대립이 소멸된 자리에 오롯이 남은 건 숲의 적막과 고요다. 그 숲에 바람이 인다. 그 바람이 세월을 밀어내고 잣나무 가지를 흔들고 햇살을 살랑인다. 그리고 그 숲의 적막과 고요가 산 자와 죽은 자의 대화를 이어간다. 그리고 그 대화는 생과 사의 인연으로 갈린 그들 모두를 살리는 기억으로 부활한다.

이 대목이 좋았다. 적막과 고요의 숲에서 산 자와 죽은 자가 생사의 경계를 넘나들며 대화를 이어가는 이 장면이 좋았다. 그래서 문득 이 장면을 읽다가 이렇게 생각했다. 적막과 고요의 숲. 그 숲은 부질없는 가짜를 물러가게 하고 진짜를 되살리는 근원적인 치유의 힘이 있다고 말이다. 이 적막과 고요의 숲에서 우리들은 새로운 나를 만나게 되는 거라고.

숲의 적막과 고요 가운데서 새로운 나를 만나는 체험. 이게 바로 숲의 체험이며 숲의 진실일 게다. 생각해 보라. 진정한 힐링, 그건 새로운 나를 만나는 자아 생성의 체험 아니겠는가. 힐링을 이렇게 이해하는 자라면 당장 숲으로 달려가야 한다. 그리고 그 숲에 낡은 나를 던져 버려야 한다. 낡은 나를 버려야 새로운 나를 만날 수 있는 까닭이다.

2. 7,200년의 시간과 나무 한 그루

송일곤 감독의 영화를 그리 많이 보지는 않았다. 그렇지만 폴란드에서 영화 공부를 한 송일곤 감독의 경력이 돋보였다. 그래서 그를 기억하고 있었다. 내가 영화 공부를 깊이 한 사람이 아닌 까닭에 폴란드의 영화 수준을 아는 건 아니다. 다만, 왠지 그가 예술파 감독의 길을 걷겠구나 생각했다. 편견이라면 편견이다.

그런데 송일곤 감독이 전적으로 예술파 감독으로 불린다면 억울할 게다. 소지섭과 한효주가 연인으로 등장한 「오직 그대만」(2011)이란 멜로를 만든 감독이 바로 송일곤 감독인 까닭이다. 그런데 그의 여러 영화 중 내 눈에 확 들어온 작품이 「시간의 숲」(2012)이다. 「시간의 숲」은 굳이 장르를 따지자면, 다큐멘터리. 등장 배우는 박용우와 타카키 리나 이렇게 단 둘이였으며 특이한 사건이랄 게 없었다. 그런데 「시간의 숲」은 깊은 울림을 주었다. 나에겐 그랬다.

송일곤 감독은 「시간의 숲」을 만들기 이전에 이미 「거미숲」(2004)으로 숲의 상상력을 펼친 바 있다. 그런데 살인사건을 소재로 인간의 불가해한 심리를 이야기하는 「거미숲」과는 달리 「시간의 숲」은 숲의 신성과 상처받은 자의 힐링을 이야기한 영화다. '아, 세상에 저런 숲도 있구나, 저런 숲이라면 나도 새로운 나를 만날 수 있겠구나.'

그런 깊은 울림을 준 영화가 「시간의 숲」이었다.

영화가 시작되면 말 그대로 울창한 숲의 내부 풍경이 화면을 압도한다. 그리고 박용우의 목소리가 고백처럼 들린다. 그 고백은 이렇다. “태초에 숲이 있었다. 그 숲에 7,200년 동안 살아온 나무가 한 그루 있었다.” 그리고 고백은 이렇게 이어진다.

돌아오는 길마다 안개가 펴졌다.
모든 여정은 기억을 위한 것이다.
언제나 시간은 기억을 지웠고
언제나 기억은 시간을 만들었다.
그 때 나는 여행을 떠나기로 마음먹었다.
지금에 와서 기억하면
그 여정을 결심한 이유를 잘 모른다.
그러나 정확한 목적을 가진 여행이
얼마나 될 것인가……

「시간의 숲」은 이렇게 이 영화가 이 숲에 존재하는 7,200년의 시간을 함께한 나무 한 그루를 찾아가는 게 목적이라고 예고하며 시작한다. 아, 7,200년의 시간을 함께한 나무가 이 지구별 어딘가에 있다니. 도대체 어디에 그런 나무가 있다는 말인가. 그 고백을 더 듣기로 하자.

나는 배우로서 〈아이들〉이라는
또 한편의 영화를 막 끝냈고

서울의 일상에 조금 지쳐 있었다.
그 즈음 일본에 작고 깨끗한 야쿠시마라는 섬에
석기 시대부터 살아서
〈조몬스기〉라는 이름으로 불리는
칠천이백 년이 된 나무가 있다는
이야기를 들었다.
그것이 아마도 그 여행을 떠난 이유였을
것이다.

장면 1-1 고목들로 빼곡한 야쿠시마 숲의 풍경

7,200년이라는, 그 믿기지 않는 시간을 함께 했다는 나무 조몬스기를 찾아가는 게 이 영화의 동기였다. 야쿠시마의 숲은 미야자키 하야오의 애니메이션 「모노노케 히메」의 배경으로 익히 유명하다. 「모노노케 히메」가 애니메이션의 기념비적 작품이라는 건 익히 알려진 사실이다. 인간이 창안한 문명이란 게 사실은 얼마나 인간중심적 제도일 수 있는지를 예증한 작품이 「모노노케 히메」였다. 문명을 앞세워 자연을

정복, 공격, 관리하려는 인간의 욕망. 그 욕망에 맞서 한 소녀가 처절하게 투쟁했다.

그런데 그 투쟁은 소녀 혼자 하는 게 아니었다. 숲의 요정들과 신들이 소녀와 함께 했다. 「모노노케 히메」는 이 지구별에 인간만 존재하는 게 아니라는 진실을 일깨워 주었다. 인간아, 부디 여러 생명들과 함께 하라는 감동의 메시지를 던진 애니메이션, 이게 바로 「모노노케 히메」였다.

그러나 「모노노케 히메」의 인간들은 어리석었다. 그들은 숲을 파괴하고 공격했다. 그리고 그들은 그 파괴와 공격을 정당화했다. 그리고 그 파괴와 공격의 정점에서 그들은 어리석게도 '사슴신'을 겨냥했다. 이렇게 「모노노케 히메」의 인간들은 공존의 지혜를 모르는 어리석은 이들이었다. 그들은 공존의 장소인 숲을 경배하지 않았다. 숲을 경배하지 않는 자, 그들의 파멸은 불가피했다.

자, 이런 상상력을 제공한 섬이라면, 그리고 그 섬에 7,200년의 시간을 함께한 나무가 있다면 누구라도 그 섬으로 달려가고 싶을 게다. 그리고 특히나 조몬스기를 경배하고 싶을 게다.

3. 새로운 나로의 변화, 그 전제 조건

다시 「시간의 숲」의 시작 장면. 박용우의 나레이션과 함께 재현되는 야쿠시마 숲의 풍경은 신비롭다. 이 숲은 마냥 건조한 밀림이 아니다. 일 년 내내 비가 내리는 까닭인지 숲의 나무들마다 이끼들이 가득하다.

빗소리가 간간이 들리는, 안개가 자욱한, 가지가 가지로 이어지는 신비의 비경이다. 그 숲에 사람들의 자취가 보이지 않는다. 다만 수천 년의 시간을 가로지른 고목들이 신화의 상징처럼 엄숙하게 존재하고 있었다.

그래, 저게 숲이구나 싶었다. 저게 숲이 아니라면 뭐가 숲일까 싶었다. 저런 숲이라면 요정이, 신이 살 거라는 생각이 자연스레 들었다. 지구별의 유일한 주인인 듯 큰소리치는 인간들의 부질없는 욕망은 저런 숲에서는 한갓 미몽에 불과할 것이었다. 그리고 저런 숲이라면 누구나 충분히 위로받을 것처럼 보였다.

한국을 뒤로 하고 야쿠시마에 도착한 박용우. 그의 얼굴 표정이 편안해 보이지는 않는다. 어딘가 피곤해 보이는 얼굴이다. 그 피곤해 보이는 박용우는 야쿠시마로 출발하기 전 「아이들」이란 영화의 더빙 작업으로 정신없어 보였다. 더빙되는 장면의 박용우도 피곤해 보이고 더빙하는 배우 박용우도 피곤해 보였다.

대충 짐작은 된다. 박용우는 지쳐 있었다. 더빙 대사처럼 '되는 게 없는 거'였다. 그런데 어디 박용우만 그러할까? 되는 게 없는 삶을 반복하는 이들이 대다수다. 답답하게 반복되는 일상 앞에서 되는 게 없다며 자조하는 이가 어디 박용우 뿐일까. 그래서 그는 야쿠시마를, 아니 야쿠시마의 조몬스기를 찾기로 했다. 섬으로 가는 배에서 그는 이렇게 말하고 있다.

섬으로 가는 길은 멀었다.
파도는 높았고 가끔 비가 내렸다.
선창으로 포말이 들이쳤다.
승객들은 고요히 기다렸다.
안개 너머로 멀리
섬이 보이기 시작했다.
항구에 도착했을 때
나는 멀미 때문에 조금 지쳐 있었다.

야쿠시마로 출발하기 이전의 박용우는 거대 도시에 갇힌, 그리고 무척이나 피곤해 보이는 도시남의 자화상이었다. 바벨탑처럼 보이는 고층 빌딩, 어딘가를 분주히 오고가는 자동차의 물결. 그 거대 도시에서 박용우의 얼굴이 지쳐 보이는 건 오히려 자연스럽다. 일상의 무게에 지친 얼굴. 그래서 그는 잠시라도 거대 도시를 뒤로 하기로 한다. 그의 고백처럼 섬으로 가는 길은 멀었고 파도는 높았지만 승객들은 마치 순례자처럼 배가 섬에 닿기를 침묵으로 기다리고 있었다.

탐색 다큐멘터리의 형식을 빈 이 영화는 박용우 외에 또 한명의 배우를 등장시킨다. 박용우를 야쿠시마의 숲과 조몬스기로 안내키로 한 일본인 여성 타카키 리나였다. 박용우가 이곳으로 오기 전, 리나는 이미 야쿠시마에 도착해 그를 기다리고 있었다. 그녀는 박용우를 기다리는 동안 먼저 사당을 찾아 숲의 신에게 기도를 올린다. 야쿠시마의 바람과 종소리가 박용우에게 가닿기를 바라며 말이다. 리나는 이렇게 말한다.

장면 1-2 박용우보다 먼저 야쿠시마에 도착한 타카키 리나

일본 사람들은 야쿠시마의 숲을
원령공주의 숲이라고 부릅니다.
이 섬에는 사슴의 신과 신비한 숲의 존재들이
살고 있다고 합니다.
이곳에서 용우 씨가
정말로 만나고 싶은 것이 무엇인지
숲길을 걷는 내내
생각해 보았습니다.

타카키 리나. 그녀는 박용우처럼 그렇게 지쳐 보이는 얼굴은 아니다. 밝고 환한 얼굴이다. 게다가 능숙하지는 않지만 한국어를 구사할 줄 안다. 박용우를 야쿠시마 숲과 조몬스기로 인도하기에 적격의 인물이다. 박용우가 조몬스기의 탐색 주인공이라면 리나는 그 탐색의 매력적인 조력자. 이처럼 이 영화는 남녀 두 주인공이 함께 조몬스기를 탐색하는 구도를 취한다. 박용우는 야쿠시마에 머무는 동안 성취하고 싶은 버킷리스트를 이렇게 정리한다.

배우 내려놓기
원망하는 마음 비우기
여자와 편하게 지내기
사람들과 소통하기
부정에서 긍정으로 바뀌기
솔직해지기
스트레스 해소하기
자연하고 교감하기
많은 사람들 전화번호 받기
모든 것들에서 성숙해지기
이 모든 것들을 위해서 매일 조금씩이라도 기도하기

이제 알듯하다. 박용우는 야쿠시마에서 변하고 싶었다. 내려놓고, 비우고, 소통하고, 해소하고, 교감하고, 성숙한 새로운 박용우로 탄생하고 싶었다. 그런데 다 큰 어른이 그렇게 쉽게 변하지 않는다. 본래의 자기 스타일을 고수하는 어른들이 대부분이다. 그 스타일 때문에 손해 본다는 것을 알아도 그렇다. 오히려 아이들이 유연하다. 어른들은 내가 왜 이러지 하면서도 그대로 진도를 나간다. 잘 변하지도 않지만 변하지 않으려 하는 게 어른들이다.

그러나 이건 인생 패망의 길이다. 삶의 위기가 해일처럼 몰려올 때 그 위기가 어디에서 비롯하는가를 응시해야 한다. 그리고 그 위기가 자신에게서 비롯하는 것으로 판단되면, 그 때는 나를 내려놓고, 비워야 한다. 방법이 없다. 선택의 문제도 아니다. 나는 나야하며 계속 자기 스타일을 고수하다간 십중팔구 패망한다.

힐링이란 바로 이런 것이다. 누가 위로해 주는 게 힐링이 아니다. 그건 회피이거나 도피다. 언제부터인가 익숙한 개념으로 등장한 힐링. 위로니 격려니 그럴듯한 수사학이 힐링의 핵심처럼 선전되거나 알려졌다. 힐링은 위로와 격려의 개념이 아니다. 그건 본래 자기 스스로 자기를 구원하는 주체적 개념인 까닭이다. 힐링을 이유로 회피하거나 도피하지 말아야 한다. 그건 '힐링'이 아니라 자기를 '킬링'하는 것이다. 물론 위로와 격려 좋긴 하다.

그런데 그게 전부가 아니라는 말이다. 이 부조리한 세계와 마주해야 할 자는 어쨌든 자기이다. 이 마주함의 용기. 이게 말처럼 쉬운 게 아니다. 오히려 피하고 싶을 때가 더 많을 수 있다. 그래서 나를 가볍게 만들어야 한다. 나의 몸과 마음을 가볍게 만들어야 한다. 이렇게 몸이 가벼워져야 마음의 기억을 재구성할 수 있다. 힐링의 근본은 기억의 재구성이다. 슬픈, 아픈, 힘든 기억을 뒤로 돌리고 기쁜, 건강한, 즐거운 기억을 전면에 배치하는 게 힐링의 근본이다.

아마 박용우도 자신을 가볍게 만들고 싶은 바람이 있었을 것이다. 꽉 짜인 스케줄 때문에 자신의 삶이 고단한 게 아니라는 것. 그것을 박용우도 알고 있을 것이다. 그는 자신을 비우고 비운 만큼 채우고 싶은 것이다.

그런데 이게 쉽지 않다. 새로운 나로의 변화는 결심한다고 되는 게 아니다. 그러면 어떻게? 먼저 익숙한 시간과 장소와 일시라도 결별해야 한다. 그 결별의 지점이 야쿠시마의 숲과 같다면 금상첨화다.

나를 비우고 채울 그런 장소를 물색하면 좋다. 이게 힐링의 관건이다. 익숙한 시간과 장소는 익숙한 스타일을 반복케 한다. 환경이 인간의 모든 걸 결정하지는 않지만 그 영향은 절대적이다. 왜 지구별의 수많은 이들이 지금도 제주의 올레길과 산티아고의 순례길을 걷고 있을까? 전혀 낯선 환경에 자기를 노출시켜야 새로운 기억을 재구성할 수 있는 까닭이다.

그렇다면 그들의 조몬스기 탐색은 어떻게 진행될까? 먼저 이들은 호텔 주변의 숲을 산책한다. 본격적 탐색에 앞선 예비 탐색이다. 이 장면의 그들은 무척이나 편해 보인다. 특히 박용우의 표정이 더 편해졌다. 이 표정의 변화는 작위적 설정으로 보이지는 않는다. 박용우나 리나나 뭔가 부담 없이 보인다. 어쩌면 이들의 편안함은 야쿠시마의 숲이 만들어준, 그래서 둘을 가깝게 한 편안함으로 보인다. 리나가 말한다. 여기에 오니 하늘을 보게 된다고. 늘 땅을 보며 걸었는데 여기서는 하늘을 보게 된다고 말이다. 그래서 행복하다고 말이다.

장면 1-3 호텔 주변의 숲을 산책하는 박용우와 타카키 리나

이 둘이 숲을 걷는 내내 바람이 일고 바람이 인 자리에 숲의 향기가 피어오른다. 그 숲에서 박용우의 얼굴은 점점 밝아진다. 숲을 여러 차례 산책하며 박용우는 리나에게 고백한다. 배우로서 그가 겪은 난처함, 특히 여자에게 편하게 다가갈 수 없었던 자신의 스타일을 리나에게 고백한다. 박용우가 언제 리나를 봤다고 이렇게 말을 이어가고 있을까? 이런 열린 대화가 어떻게 해서 가능할까? 그건 그들이 바로 야쿠시마의 숲에 있었기에 가능한 공감이다.

4. 내 마음의 조몬스기

이들의 눈에 비친 숲의 정경이 신비롭다. 죽어가는 생명 위에 새 생명이 소생하는 정경이다. 숲은 절대 영생의 공간처럼 보인다. 죽어가는 나무조차도 그저 죽어가는 게 아니었다. 그 나무 위로 이끼가 퍼지고 새싹이 올랐다. 주변 바다의 바닷물은 눈이 되어 비가 되어 숲을 적셔주었다. 예고 없이 우박이 내리기도 했다. 이렇게 이 숲의 모든 사물은 서로를 살리고 있었다. 숲엔 홀로 존재하는 게 없었다. 공존과 공명의 공간. 그래서 모든 생명이 더불어 살아가는 공간이 바로 야쿠시마의 숲이었다.

장면 1-4 야쿠시마 숲의 내부 풍경

물론, 그 공존과 공명의 감각은 박용우와 리나 사이에도 이어진다. 아니 그 공존과 공명의 감각이 더 활성화되는 이는 박용우다. 호텔로 돌아온 박용우는 이렇게 말한다.

> 찢기고 뽑히고 무너지고 그런 가운데서도
> 또 다른 생명이 자라나는 것을 직접 봤을 때
> 내가 너무 편협하고 좁고 어리석다는 생각을 했어요.
> 정말 마음속으로 아직까지 용서가 안 되는 사람이 있는데 그 사람에 대해서 진심으로 용서를 해야 되겠다라는 마음이 들기 시작했어요.

이거였구나. 박용우의 마음은 응결되어 있었다. 박용우가 말한 '아직까지 용서가 안 되는 사람.' 박용우만 그렇지는 않을 것이다. 누구나 용서가 안 되는 사람들을 한 둘 가지고 있다. 혼자 사는 세상이 아니지 않은가. 누구나 이런 저런 이들과 이런 저런 이유로 예기치 않게 꼬일 수 있다. 그리고 때로는 용서가 안 되는 이들 때문에 마음이 지옥일 수 있다.

저 죽일 인간 두고 봐라! 이런 대상이 생기면 마음이 응결될 수밖에 없다. 마음이 꽉 응축되는 것이다. 용서? 알고 보면 상대가 아니라 나 좋으라고 하는 게 용서다. 내 응결된 마음 풀고 싶어서 하는 게 용서고 나 살자고 하는 게 용서다. 그런데 실제 용서라는 게 쉽게 되는 게 아니다. 용서하자 하면서도 그 인간 다시 생각하게 되면 확 사라지는 게 용서다.

그런데 박용우가 비로소 야쿠시마에 와서 용서의 마음이 들기 시작했다는 게 중요하다. 누구를 미워하며 살아가는 것. 그것처럼 고역도 없다. 그 마음의 응결을 풀지 못하면 힘들어지는 건 본인 자신이기에 말이다. 다행히 박용우는 야쿠시마의 숲에 와서 마음을 열어간다. 바로 이 대목이다. 아수라장 같은 거대 도시를 탈출해 자신의 몸을 숲 속으로 틈입시키는 순간, 박용우의 응결된 마음이 서서히 풀리는 것이다.

리나와 함께 섬 주민들을 방문하는 박용우. 그는 섬에서 밴드를 결성해 야쿠시마를 노래하는 빅스톤 멤버들을 만나고 오랜 시간 야쿠시마 숲에서 오두막을 짓고 고독을 즐거이 감수하다 작고한 시인 야마오 산세이의 아내를 만난다.

그들은 이방인 박용우를 환대한다. 박용우는 밴드의 한 멤버에게 묻는다. 야쿠시마의 숲에 대해서 말이다. 그는 말한다. "이 숲은 열일곱 살 당시 자신이 안고 있던 고민이나 슬픔에 해답을 주었으며 이후 내 인생을 걸고서라도 야쿠시마에 와서 살고 싶었다"고. 또 그들은 말한다. "야쿠시마 사람들은 이 숲에 신이 깃들어 있다고 진심으로 생각한다"고. 그래서 야쿠시마 사람들은 숲의 나무를 자르지 않는 거라고. 강에는 강의 신이 있고 산에는 산의 신이 있고 우물에는 우물의 신이 있는 거라고.

이렇게 보니 야쿠시마는 인간 중심적인 근대체제의 외부 지역 같다. 근대체제라는 게 사실은 인간 중심의 계몽 욕망이 확산시킨 자연 정복의 체제 아니던가. 근대체제는 신의 존재를 인정하지 않는 체제이다. 신의 죽음을 선언한 니이체의 저 유명한 명제는 인간중심적 근대체제의 한계를 짚은 게 아니겠는가. 모든 사물마다 그 사물을 빛나게 하는 고유한 신이 있다는 믿음. 이 믿음을 근대체제의 지식인들은 애니미즘으로 명명하고 이미 한 물 간 구식 논리처럼 간주하지만 그건 아닐 게다.

장면 1-5 야쿠시마의 빅스톤 밴드 멤버들

사물마다 획일적 가치로 환원할 수 없는 그 사물의 빛나는 개성이 있는 법이다. 사람은 사람마다 사물은 사물마다 보편과 일반에 합류되기를 거부하는 그 자신의 고유한 빛깔이 있을 것이다. 이는 우리들에게도 해당한다. 우리 하나 하나는 자신만의 고유한 빛을 소유한 개별적 존재들이다. 근대체제는 이러한 개별적 존재들의 고유한 빛을 썩 달가워하지 않는다. 이곳, 한국에선 더 그렇다. 표준과 일반이 미덕인 한국에서 우리들 하나하나는 고유한 생명력을 지닌 개별적 존재로 반갑게 인정되지 않는다.

바로 이렇기 때문에 우리는 개별적 존재로서의 '나'를 되비추어주는 근대체제의 외부를 탐색해야 한다. 그리고 그 외부의 지점에서 각자 자신의 기억을 새롭게 재구성해야 한다. 이런 점에서 잠시나마 근대체제의 외부로 이행한 박용우의 야쿠시마 탐색은 뜻 깊은 사건이다. 이런 체험은 우리들에게도 요청된다. 근대체제의 논리와 질서가 작동하지 않는, 그래서 우리가 너무도 익숙하게 받아들이고 체화한 이 근대체제의 삶의 방식을 되묻게 하는 근대체제의 외부를 우리는 주시해야 한다.

해외 여행? 예컨대 패키지 여행. 이건 오히려 우리를 더 망하게 한다. 이런 여행은 근대체제의 외부를 탐색하는 여행이 아니다. 이건 근대체제의 내부를 소비하는 가짜 탐색에 불과하다. 근대체제의 외부에서 우리는 근대체제의 삶의 방식이 요구하거나 강요한 기억을 온통 버려야 한다. "어 이거 아닌데!" 싶은 깊은 자각으로 근대체제 하에서의 기억을 버려야 한다.

'숲의 시간'에 서서히 익숙해지는 박용우. 점점 여유를 찾는다. 그래서 그는 리나에게 그의 재미없는 연애를 들려줄 정도로 마음을 연다. 이 장면에서의 리나는 카운슬러 같다. 연애가 서툰 박용우에게 리나는 말에도 영혼이 있으니 마음을 말로 표현하라고 한다. 이 정도면 이 두 사람 격의 없고 편안한 친구처럼 보인다. 이 영화의 미덕은 바로 이런 장면 같다. 국적과 성별이 달라 서로에게 낯설 수밖에 없는 두 남녀가 아름드리 고목들이 즐비한 천년의 숲에서 마음의 공명을 일으키는 장면. 바로 이게 이 영화의 소중한 미덕이다.

이미 말했지만 이 영화는 다수의 인물들이 등장해 격정적인 사건을 엮어가는 방식과는 거리를 둔다. 뭔가 상당한 로맨스와 사건을 기대한 관객이라면 딱 두 명의 배우가 등장한 「시간의 숲」이 참으로 심심할 수 있다. 그러나 그렇지 않다. 마음의 공명. 이게 이 영화의 매력이다.

그런데 '숲의 시간'은 두 사람의 마음을 공명하는 시간과 계기로 더 이어지지는 않는다. 특히 박용우가 그렇다. 말 그대로 박용우는 이곳 야쿠시마에 '잠시' 온 것이다. 살러 온 게 아니다. '잠시' 온 그를 여전히 붙잡는 생활의 구속. 이런 장면이 있다. 야쿠시마에서 맞이한 새해 아침. 박용우는 서울에서 들고 온 시나리오 읽기로 하루를 보낸다. 리나가 보기에 박용우는 여전히 서울의 이런 저런 요구에 엮인 생활인이었다. 딱한 일은 더 이어진다.

이들의 조몬스기 탐색도 실패로 돌아간다. 밤새 내린 눈으로 등산로가 폐쇄된 까닭이다. 가이드의 안내에 따라 조몬스기 탐색에 나선 두 남녀. 그러나 산행은 고행의 연속이다. 눈 가득 덮인 겨울 산을 걷는다는 게 두 남녀에게는 쉬운 과제가 아니었다. 걷고 또 걸어도 조몬스기가 있다는 그 지점까지 갈 수 없었다. 결국 그들은 조몬스기를 볼 수 없었다. 더는 산을 오르기 어렵다는 가이드의 판단에 따라 그들은 되돌아가야 했다. 박용우로서는 보통 안타까운 게 아니다.

장면 1-6 조몬스기를 찾아 나선 박용우와 타카키 리나

성스러운 노인의 숲은
나를 허락하지 않았다.
어쩌면 내가 이 숲의 시간을
받아들일 준비가 안 되어 있었는지도
모른다.
돌아오는 길마다 안개가 펴졌다.
모든 여정은 기억을 위한 것이다.
언제나 시간은 기억을 지웠고
언제나 기억은 시간을 만들었다.
칠천이백 년
결국 나는 칠천이백 년 동안 그 숲에

살았던 나무에 관한 기억이 없다.
모든 것은 자연의 뜻
그리고 신의 뜻.
나는 지상의 짧고 부박한
인간의 시간으로
돌아와야 했다.

성스러운 노인 조몬스기를 박용우는 대면할 수 없었다. 그의 말마따나 그는 '숲의 시간'을 받아들일 준비가 부족했던 것일까. 그래서 그는 7,200년의 시간을 함께 했다는 조몬스기에 관한 기억을 만들 수 없었다. 아쉬운 일이다. 다시 서울로 복귀한 박용우. 박용우의 말처럼 모든 여정이 기억을 위한 것이라면 박용우는 리나와 야쿠시마의 숲, 바다, 하늘, 바람, 빅스톤 멤버들, 시인의 아내를 새롭게 기억하는 수확이 없지는 않다. 안타깝게도 조몬스기에 관한 기억은 없지만 말이다.

일 년 후의 서울. 박용우는 인터뷰와 촬영 등 배우 본연의 일로 분주하다. 그렇게 박용우가 서울의 부박한 일상으로 귀환한 어느 날 리나는 다시 야쿠시마의 숲을 찾는다. 그리고 한참이나 숲 속을 걷던 리나. 드디어 지혜로운 노인 조몬스기를 만날 수 있었다. 리나는 혼자 숲을 걸으며 시간의 결을 거슬러 인연이 된 삼나무 부부를 다시 만날 수 있었고 박용우와 함께 한 시간들을 기억할 수 있었다.

가끔씩 눈을 감으면
나는 그 숲의 시간을 떠올린다.

숲은 흙과 나무를 감싸고 침묵하며 살고 있다
사람은 그 숲으로 돌아간다.
숲은 하나의 커다란 어둠이며 자비이다.
사람은 숲으로 돌아간다.
숲 깊은 곳에는 물이 흐르고 있다.
그 물 또한 숲이다.
사람은 그곳으로 돌아간다.
그 숲으로 돌아간다.

그렇다. 모든 여행은 기억을 위한 것이다. 우리에겐 우리를 규율하는 이 근대체제의 획일적인 삶의 방식을 대체할 새로운 기억이 필요한 것이다. 이 획일적인 근대체제에 대응하는 나만의 고유한 기억을 재구성하고, 이를 통해 스스로 위로하고 스스로 견디는 인생의 재창조가 필요한 것이다. 한국인이든, 일본인이든 아프다. 한국인이든 일본인이든 근대체제의 삶의 방식 때문에 아프다. 한국인이든 일본인이든 근대체제의 한계 바로 그 앞에 도달해 있다. 새로운 기억을 더는 가질 수 없게 하는 근대체제. 그래서 그 근대체제의 외부로 우리는 시선을 돌려야 한다.

박용우가 야쿠시마에서 전적으로 새로운 박용우로 태어난 건 아니다. 게다가 그는 리나처럼 지혜로운 노인 조몬스기를 본 것도 아니었다. 그렇다면 그의 야쿠시마 탐색은 의미 없는 여정이었나?

장면 1-7 모습을 드러낸 조몬스기

나는 그렇게 생각하지 않는다. 이 장면을 환기하고 싶다. 빅스톤 멤버에 뒤이어 만난 시인의 아내. 시인의 아내를 만난 장면 어디쯤인가를 배경으로 한 리나의 나레이션.

"마음을 주면 집 앞의 작은 나무도 조몬스기가 될 수 있으니 집 앞 배롱나무 밑에 뼛가루를 뿌려달라고 했다"던 시인의 유언을 리나는 마치 이 영화의 화두인 듯 나레이션한다. 본래는 조몬스기를 직접 자신의 눈으로 보고 이를 자신을 살게 할 새로운 기억으로 내 몸과 마음에 배치하는 것. 이게 박용우의 야쿠시마 여행의 목적이었다. 그러나 조몬스기를 늘 볼 수 있는 건 아니다. 그렇다면? 그렇다면 어떻게 해야 하나? 리나의 나레이션에 실마리가 있다. 집 앞의 작은 나무도 조몬스기가 될 수 있는 것이다. 마음을 주고 키우면 말이다. 박용우, 비록 조몬스기를 볼 수 없었지만 그는 그의 마음 안에 그만의 조몬스기를 키우면 되는 거였다.

그래 이것이다. 내 마음 안에 조몬스기를 키우는 일. 그래서 더는 새로운 기억을 가지지 못하게 하는 근대체제에서 나를 구원할 새로운 기억을 재구성하는 일. 이게 이 영화의 진짜 메시지로 보인다. 자, 이제부터 자신을 살게 할 각자의 조몬스기를 키우기로 하자. 그리고 자기의 조몬스기에 마음을 다 주기로 하자. 그 마음이 바로 우리를 살릴 힐링의 요체인 까닭이다.

제2장

아닌 건 아닌 거야, 아닌 건 되돌리는 게 아니야

「혜화, 동Re-encounter」, 그녀의 마음 겨울에서 봄으로

[감독] 민용근
[출연] 유다인, 유연석
[장르] 드라마
[상영시간] 107분
[개봉일] 2011.02.17

1. 풀려라, 결빙된 마음아!

배신보다 더 고약한 말이 유기 아닐까? 유기. 참으로 쓸쓸한 아니 공포의 울림을 주는 말이다. 이 말의 울림은 아픈 울림이고 비통한 울림이다. 이유야 제각각이겠지만 사람들로부터, 세상으로부터 유기된 자들이 속출하고 있다. 무기력해지는 건 둘째 문제일 게다. 아마 더는 살고 싶지 않을 게다.

그 유기의 충격이 실로 크다면 극단적으로는 목숨을 끊고 싶을 수도 있다. 누군가로부터 유기 대상이 된다는 것. 그건 당신은 우리들과는 더는 인연을 이어갈 수 없다는 뜻이며 제외된다는 뜻이기도 하다.

배제된다는 것이고 선택받지 못한다는 것이다. 한 마디로 사형 선고다.

실제 이런 저런 이유로 유기된 자들 중 세상을 등진 이들이 한 둘이 아니다. 유기된 자들의 비명이 지금 이 순간에도 들리는 듯하다. 가령 이렇게 말이다. 2013년 10월 3일자 『국민일보』는 이렇게 보도하고 있다.

> 정신질환을 앓고 있는 아들이 신부전증으로 투병 중인 60대 어머니를 버리고, 이후 복지시설에 옮겨져 숨지게 한 안타까운 사건이 충남 서천에서 벌어졌다. 22일 충남 서천경찰서에 따르면 정신분열증 환자인 김모(39)씨는 신부전증으로 투병 중인 어머니 전모(66)씨가 대소변을 가리지 못하는 등 돌보기가 어려워지자 지난 9일 자신의 차량에 태워 서천군 판교면 판교리 판교파출소 앞에 내려둔 채 달아났다.
>
> 버려진 어머니 전씨는 파출소 근처를 배회하다 경찰에 발견됐다. 전씨는 "왜 거리를 배회하느냐"는 경찰의 질문에 "아무것도 묻지 말아 달라"며 말문을 닫았다. 경찰은 할 수 없이 서천군청의 협조를 얻어 전씨를 군내 한 복지시설로 옮겼으나 혈액투석 등 치료를 받지 못한 전씨는 이틀 후인 12일 새벽 이 복지시설에서 숨졌다. 경찰은 전씨가 숨진 뒤 주소지인 예산군에서 수십 ㎞ 떨어진 서천지역에 버려진 점 등을 수상히 여겨 아들 김씨를 추궁한 끝에 어머니를 이 곳에 버렸다는 사실을 밝혀냈다.
>
> 경찰 조사 결과 천안의 한 아파트에 혼자 사는 김씨는 예산에 살던 어머니 전씨를 자신의 집으로 모셔와 수개월간 천안지역 병원에 다니며 치료를 받도록 했으나 어머니의 병이 심해지면서 대소변을 가리지 못하자 유기한 것으로 드러났다.

김씨는 경찰에서 “어머니가 대소변을 가리지 못하는 등 병시중에 지쳐 서천의 길거리에 내려둔 채 달아났다”고 진술했다. 경찰은 또 김씨가 어머니를 유기하기 위해 아파트를 나서면서 어머니를 폭행한 사실도 아파트 엘리베이터 CCTV를 통해 확인했다. 경찰은 김씨에 대해 존속 유기치사 혐의로 구속영장을 신청했다.

어머니가 버림받았다. 게다가 폭행까지 당했다. 어머니를 버리고 폭행한 아들. 어머니는 신부전증으로 투병 중이었다고 한다. 게다가 아들은 정신질환을 앓고 있었다고 하니 여간 딱한 게 아니다. 이 어머니가 예산 집에서 수십 킬로 떨어진 서천에 버려진 것이다. 고려장도 이런 고려장이 없을 것이다.

왜 거리를 배회하느냐는 경찰의 질문. 어머니는 아무 것도 묻지 말아 달라 했다 한다. 자기를 버린 이가 아들이라고 차마 말할 수 없었던 까닭이다. 정신질환을 앓는 아들이 신부전증 어머니를 간병타가 버거워지니 이런 사건이 터지고 만 것이다. 아들로부터 버림받은 어머니, 눈을 편히 감지는 못했을 것이다.

그런데 이와 같은 유기 사건, 드문 게 아니다. 도처에서 숱하게 일어나고 있다. 가정에서 학교에서 직장에서 저 혼자 유기된 채 한숨짓고 눈물 흘리는 이들이 부지기수다. 자식이 부모를 부모가 자식을, 친구들이 친구들을, 지인이 지인을 버리는 유기 사건이 하루가 머다하고 일어난다.

누구를 탓하고 누구를 원망해야 할까? 만약, 당신이 유기된 자라면,

도대체 그 고약한 상처의 악몽에서 어떻게 탈출할 수 있을까? 아닌 척하며 현실을 외면하면 되는 것일까? 자기를 유기한 이를 찾아가 '복수는 나의 것!'을 외치며 응징해야 하는 것일까?

문제는 누군가로부터 유기되는 그 순간에 남게 될 화인과 같은 상처일 게다. 그 상처를 평생 간직한 채 살아가는 건 고역 중의 고역. 이 상처는 마음을 결빙시킨다. 그러나 결빙된 마음으로 살아가는 일. 그건 살아도 죽어가는 것이다. 그러면 어떻게 해야 하는 걸까? 어떻든 결빙된 마음을 풀어야 한다. 여유롭게 힐링을 말할게 아니다. 결빙된 마음을 풀어야 하는 것이다.

그러면 어떻게 결빙된 마음을 풀라는 건가? 되돌릴 수 없는 것들. 그런 것들을 굳이 되돌리려 애쓰지 말자는 것이다. 그 되돌릴 수 없는 것들을 자기 마음에서 보내자는 것이다. 쉽지 않은 일이다. 그러나 그렇더라도 되돌릴 수 없는 건 되돌리지 말아야 한다고 강조하는 영화가 있다. 바로 민용근 감독의 「혜화, 동」이다.

2. 혜화, 그녀의 마음

「혜화, 동」은 유기된 자의 마음의 이동을 그린 독립영화의 수작이다. 결빙된 겨울의 마음에서 해빙된 봄의 마음으로 혜화의 마음이 이동하고 있다는 것이다. 민용근 감독은 이 영화로 2010년 제15회 부산국제영화제 한국영화의 오늘 비전 부문 감독상과 2010년 서울독립영화제 최우수작품상을 수상한 전력이 있으니 감독의 패기가 만만치 않다.

독립영화의 거품이 확 꺼진 이 시점에서 「혜화, 동」은 오히려 빛나 보인다. 우리 독립영화의 수준이 결코 가볍지 않다는 것을 입증한 영화가 「혜화, 동」이다.

누군가로부터 유기된 자는 지워지지 않는 상처로 날밤을 샌다. 그뿐인가. 그런 자는 그 상처의 시간과 사건에서 한 발자국도 나아가지 못한다. 유기된 자는 그 유기가 이뤄진 시간에 봉인된다. 시간은 현재에서 미래를 향하지만 유기된 자신은 과거의 한 지점에 오롯이 갇혀 있는 것이다.

그렇지만 유기된 자가 영원히 버려지는 건 아니다. 유기된 자도 얼마든지 자신의 상처와 화해할 수 있는 까닭이다. 물론 그 화해 자체가 치열한 마음의 내전이리라. 섣부른 화해가 오히려 상처를 더 깊게 할 수도 있다. 그렇지만 영원히 버려지지 않으려면 유기된 자, 자신의 상처를 직시하고 그 상처의 진실과 대면해야 한다. 이 상처의 직시는 그 자체로 고통이다. 유기에서 오는 상처, 그 자체도 고통이지만 그것을 직시한다는 건 더 큰 고통일 수 있다. 오히려 상처를 아예 망각하고 싶은 게 인지상정 아니겠는가.

자, 그 상처가 어떻다는 건가? 그 상처는 일차적으로 내가 누군가로부터 버려졌다는 데서 오는 단절과 소외의 상처다. 문제는 그 상처를 더 키우는 이가 바로 자기 자신이라는 것이다. 어떻게 키운다는 건가? 그건 바로 상처의 시간 이전으로 모든 걸 되돌리려는 집착 때문에 더 커진다. 이 되돌림의 집착을 과감히 버려야 한다는 것. 그래야 진정한 힐링이 가능할 수 있다고 「혜화, 동」은 이야기한다.

영화는 이렇게 시작된다. 추운 겨울, 한 젊은 여성(혜화/유다인 역)이 오토바이를 타고 어딘가로 향하고 있다. 오토바이가 들어선 마을. 인적이 끊긴 철거촌이다. 철거촌의 풍경은 일씨년스럽다. 사람들의 자취가 거의 보이지 않는 텅 빈 마을이다. 철거의 광풍이 휩쓸고 지나간 마을이다. 담벼락은 허물어져 있다. 매선 겨울바람이 철거촌의 이 골목 저 골목을 누빈다. 이 마을 자체가 버림받은 마을이다. 어디선가 개 짖는 소리가 들리기도 하고 주인 잃은 개들이 정처 없이 오고가고 있다. 휑한 마을의 이곳저곳을 눈치 보며 기웃거리는 개들. 그 개들도 버려진 것 같다. 이렇게 「혜화, 동」의 시작 장면은 유기의 이미지로 가득하다.

장면 2-1 을씨년스러운 철거촌 풍경

「혜화, 동」이라는 영화 제목은 뜻 깊다. 영화의 서사를 이끄는 인물이 혜화여서 「혜화, 동」인 건 틀림없다. 그렇다면 '동'은? '동'은 얼어붙었다는 뜻으로 보인다. 그러면 '혜화, 동'은 혜화의 마음이 얼어붙어 있다는 뜻이겠다. 그런데 얼어붙은 존재는 혜화만이 아니다. 버려진 마을도 얼어붙어 있고 버려진 개들도 얼어붙어 있다. 유기된 대상들, 존재들, 사물들의 풍경이 모두 얼어붙어 있는 것이다.

철거촌의 어느 집 문을 열고 들어간 혜화. 알고 보니 유기견 신고를 받고 출동한 상황. 혜화와 눈이 마주친 어린 강아지 한 마리. 사시나무 떨 듯 떨고 있다. 바로 앞집 주인이 이 강아지를 버리고 갔다고 주인 아주머니는 말한다. 바들바들 떠는 이 유기견은 마치 유기된 자들의 은유 같다. 유기의 충격은 이렇게 큰 것이다. 이 유기견은 혜화의 손짓에도 아랑곳없이 그저 바들바들 떨기만 한다. 겨우 유기견을 달래고 캐리어에 싣고 나온 혜화.

혜화의 눈에는 마을을 떠도는 유기견들이 계속 밟힌다. 도대체 혜화는 왜 이러는 걸까? 왜 그녀는 이 추운 겨울 철거촌을 떠도는 유기견을 물끄러미 응시하고 있을까? 어, 그런데 이상하다. 이 유기견을 구한 혜화. 선배의 동물병원에 잠시 진료를 맡기더니 결국엔 자기 집으로 데려온다. 그런데 혜화의 집이란 게 궁색하기 그지없다. 인적이 드문 한데에 위치한 폐허 같은 집, 이런 곳에도 사람이 사나 싶은 집이다. 유기견을 돌 볼 처지의 혜화가 아니었다. 유기견이나 혜화나 별반 차이가 없어 보인다.

이렇게 유기견을 구하는 혜화는 마치 유기견의 대모 같다. 그녀의 집에는 벌써 여러 마리의 유기견들이 아웅다웅 살아가는 중이었다. 집안은 아주 난장판이다. 이 유기견 중에는 비정상 상태의 유기견도 있다. 애꾸 유기견도 보이고 다리가 불편해 엉덩이로 기는 유기견도 보인다.

하나같이 혜화가 구한 유기견들이다. 이 유기견들은 이렇게 그녀의 집에서 한 겨울 목숨을 부지하고 있는 것이다. 선배의 동물병원에서 보조로 일하는 혜화. 자기 하나 건사하기도 쉬워 보이지 않는 혜화가 왜 이렇게 유기견 구조에 나서는 걸까? 도대체 그녀는 누구인가?

그런데 가만히 보니 혜화가 유기견만 돌보는 게 아니었다. 그녀는 선배의 어린 아들인 현웅이까지 돌봐주고 챙겨주는 상황이었다. 현웅이를 챙기는 혜화는 마치 엄마 같다. 오죽하면 현웅이가 혜화를 엄마라고 부르겠는가. 물론, 이럴 때마다 혜화는 현웅이를 꿀밤 먹인다. 그렇지만 혜화의 표정, 그렇게 싫어보이지는 않는다.

이제 약간 알겠다. 혜화는 작고 약한 버려진 존재들을 품고 싶어 하는 여성이었다. 아마도 이 돌봄의 마음이 혜화를 버티게 하는 힘일 수 있겠구나 싶었다. 자 다시 묻기로 하자. 혜화는 누구인가?

이렇게 말하면 될듯하다. 혜화는 철거촌을 헤매는 유기견처럼 유기의 상처를 안고 살아가는 여성이라고. 이런 까닭에 혜화는 선배의 아들 현웅이가 그렇게 예쁠 수 없다. 왜 그럴까? 이 영화에 등장하는 인물 중 혜화를 유일하게 찾는 인물이 현웅이인 까닭이다. 혜화는 자기를 필요로 하는 현웅이가 은근히 좋았던 것이다.

이렇게 누군가의 선택을 받고 지지를 받는 것. 그건 기분 좋은 일이다. 게다가 혜화는 유기의 상처에 결박된 여성이 아닌가. 선배의 어린 아들을 마치 자신의 자식처럼 돌보고 싶은 마음, 그 마음으로 혜화는 자신의 상처를 달래고 있었다. 그런데 예기치 않은 일이 일어난다. 선배가 재혼을 결정한다. 축하할 일이다. 그런데 혜화의 마음은 개운하지가 않다. 이유는 간단하다. 현웅이와 헤어져야 하는 까닭이다. 이 기분을 혜화는 이렇게 표현한다.

혜화 ...결혼 한다구요?
혜화 현웅이한텐?... 말했어요?
정헌 아니, 아직. 근데 뭐 하루 이틀 본 사이도 아니고...
좋아할 거야.
엄마가 필요한 나이잖아.
혜화 왜 난 아니예요?
정헌 ...응?
혜화 그냥 궁금해서 그런거예요... 왜 난 아니냐구요..
정헌 무슨 말이야 그게?
혜화 놀랬죠?
정헌 뭐 한 거야?
혜화 갑자기 놀래시키길래, 나도 한 번 해봤어요... 놀랬죠?

선배와 혜화의 대화에서 귀에 딱 들어오는 대목이 바로 이것이다. "왜 나는 아니예요." 대화의 맥락 속에서 이 말의 포인트는 선배가 아니라 선배의 아들인 현웅이에게 있다. 혜화는 현웅이와 헤어지고 싶지 않은 것이다. 자기를 필요로 하는 현웅이 옆에 있고 싶은 것이다.

자신이 현웅이의 엄마는 아니지만 현웅이 옆에서 현웅이를 밥 먹이고 옷 입히고 챙겨주고 싶었던 것이다. 그런데 선배가 재혼을 하게 되면 자신이 더는 이런 역할을 할 수 없는 것 아니겠는가. 이렇게 혜화는 누군가를 돌보고 싶은 것이다. 혜화는 서툴더라도 어리고, 작고, 약한 존재를 애정으로 감싸 안고 싶었다. 그게 그녀의 기쁨이었다. 그런데 선배의 재혼으로 이 기대는 뒤집히고 만다. 그래서 혜화의 마음에 묘한 반발이 인다.

장면 2-2 현웅이와 저녁식사 하는 혜화

현웅이의 의사는 아랑곳하지 않고 재혼을 결심한 선배가 혜화는 순간 미운 것이다. 그 순간 혜화는 선배가 무책임하다 생각했을 수도 있다. 이렇게 혜화는 선배의 재혼 소식을 들으며 나는 또 버려지는 건가 싶은 자괴감으로 마음이 편치 않았던 것이다.

3. 진실의 인정, 힐링의 시작

또 다시 철거촌을 찾은 혜화. 꼭 구하고 싶은 유기견이 있었다. 탈장이 심한 늙은 유기견이었다. 그 늙은 유기견을 구할 목적으로 덫을 놓던 어느 날 재수 없게도 혜화가 덫에 걸린다. 난처한 상황이다. 이때 혜화 앞에 등장한 한 젊은 남성(한수/유인석 역). 그들은 구면으로 보인다. 이 젊은 남성이 덫에 걸린 혜화를 풀어주는데 혜화의 표정이 영 뜨악하다. 반갑지 않다는 표정이다. 아니 표정만 그런 게 아니라 독기 오른 사람마냥 거칠어지는 혜화다. 심지어는 이 젊은 남성의 뺨을 후리기도 한다. 혜화는 얼른 그 자리를 뜨고 싶은 것이다.

그런데 그 젊은 남성은 혜화에게 자기 말을 좀 들어보라고 하소연한다. 그래도 혜화가 매몰차게 자리를 뜨려니 이 젊은 남성, 혜화에게 묵직한 멘트를 날린다.

장면 2-3 혜화 앞에 5년 만에 나타난 한수

한수 혜화야, 혜화야, 잠깐만... 내 얘기 좀 들어봐. 응?
혜화야, 잠깐만... 혜화야, 잠깐만. 내 얘기 좀 들어봐. 응? 잠깐만.
우리 아이... ...살아 있어.

우리 아이가 살아 있다니? 이게 무슨 말인가? 이 묵직한 멘트를 날린 젊은 남성은 혜화의 옛 애인 한수. 연락을 뚝 끊고 사라진 옛 애인이 강림하신 것이다. 그리고 한다는 말이 우리 아이가 살아 있다는 것이다. 이런 젠장. 이게 무슨 시츄에이션인가. 전혀 연락이 없었던 한수란 이름의 이 친구. 5년 만에 혜화 앞에 나타나서는 우리 아이가 살아있다는 충격적인 멘트를 날리고 있다.

그들은 한 때 좋아 죽는 사이였다. 결혼을 약속한 고딩 커플이었다. 그들의 사랑을 환기하는 장면들. 그 장면은 풋풋하다. 벤치에 마주보고 앉은 그들. 혜화, 한수의 손톱을 정성스레 손질해준다. 어쩐지 혜화가 한수를 더 좋아하는 듯 보인다. 혜화의 아랫배가 봉긋하다. 임신한 게 분명하다. 한수를 자신의 집에 초대한 혜화. 어머니가 널 보고 싶어 하니 집으로 오라고 한다. 결혼을 앞둔 커플들의 절차로 보인다. 그러나 한수의 얼굴엔 은근 그늘이 있다.

혜화의 집을 찾은 한수. 주눅 든 얼굴이다. 혜화는 좋아 죽는 얼굴인데 한수는 그렇지 않다. 이들을 바라보는 혜화의 오빠. 한심하다는 표정이다. 그래도 혜화는 왠지 들떠있다. 어서 한수와 결혼하고 싶은 것이다. 그러나 현실은 냉혹하다. 한수의 집을 찾은 혜화와 혜와 엄마 앞에서 한수 엄마는 딱 잘라 말한다. 우리 한수 놓아달라고. 게다가 한수는 연락을 끊고 잠적한 상황. 한심한 한수다.

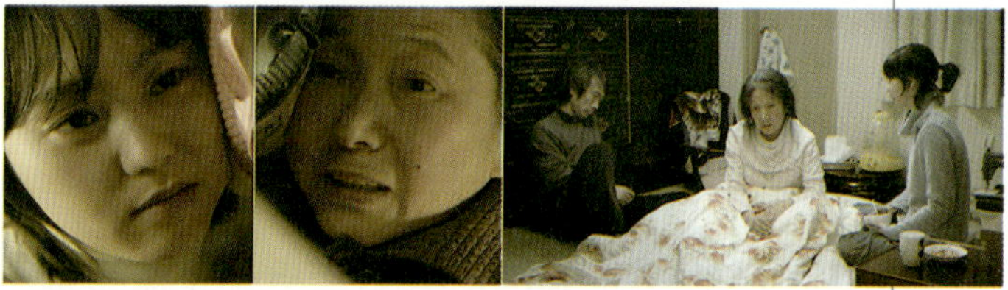

장면 2-4 혜화의 가족들

그런데 느닷없이 나타난 한수가 혜화에게 우리 아이가 살아 있다고 하니 혜화의 마음이 복잡해지는 건 당연지사. 이제 혜화가 왜 그리 유기견들의 뒤를 쫓는지 이유를 알겠다. 혜화는 여하간 자기가 아이를 버린 거라고 자책하고 있었다. 아이를 유기시켰다는 자책감에 혜화는 유기견의 대모처럼 철거촌을 뒤진 것이다. 어쩌면 혜화는 유기견을 구하는 게 아니라 죽은 어린 아이를 구해 보려는 심사였다. 자기의 아이는 간 데 없지만 유기견을 구하면서 그 무거운 죄책감을 지우고 싶었던 것이다. 그리고 그렇게 현웅이를 챙긴 이유. 그건 어쩌면 죽은 아이의 대리 만족일 수도 있다.

영화가 전개되면서 밝혀진 비밀 중 하나가 혜화의 출생 비밀. 혜화는 입양아였다. 게다가 아버지가 없었고 오빠는 혜화를 챙길 경제력도 없었다. 노모도 마찬가지다. 게다가 노모는 이젠 치매까지 온 상황이다.

엄마 내 나이 오십이유, 아들이 셋이 있지.
둘째 애가 공부를 잘했어. 지 애비 닮아서.
근데 내가 막 뭐라고 그랬어, 애 아빠보고...
아, 이 냥반이 나이 쉰이 넘어서 밖에서
애를 낳아 왔어요.
아휴, 내가 이 숭악스러운 걸 어디 집 안에 들이냐고
내가 막 뭐라 그랬어.
근데 이 년이 어찌나 빽빽 울어대던지 내가 입을 막아버렸어,
울지 말라고.
근데 이 숭악스러운 것이 울음을 안 그쳐.

이렇게 몇 겹의 결핍을 마주하며 살아온 혜화였다. 게다가 출산일은 다가오는데 한수는 어디로 가버린 건지 종적을 알 수 없다. 한수가 종적을 감추면서 혜화의 상처는 더욱 깊어질 수밖에 없다. 혜화를 버린 이들이 많다. 혜화의 생모도 혜화를 버렸으며 혜화의 아빠도 혜화를 챙겨준 일이 없다.

그런데 혜화는 진작 알고 있었다. 자기가 버려진 아이였다는 것을. 한수 모로부터 더는 우리 한수 그만 놓아달라는 말을 듣고 난 후 혜화는 애지중지 키우던 개와 강아지를 내다판다. 잠적한 한수. 종결된 사랑. 그리고 곧 아이를 낳아야 할 혜화. 이 장면에서 혜화 이렇게 말한다.

혜화 엄만, 나 낳아준 여자 본 적 있어? 그 여잔...
나 왜 낳았을까?...어차피 포기할 거.

그러면 한수는? 한수는 왜 갑작스레 혜화 앞에 등장한 건가? 한수도 죄책감이 컸다. 혜화와 아이를 버렸다는 죄책감 때문에 이렇게 혜화 앞에 나타난 것이다. 군복무 중 다리 부상을 입고 제대한 한수. 자신의 사명을 죄책감 줄이기로 삼았는지 혜화 주변을 얼쩡거린다. 그리고는 결국 혜화를 만나 아이가 살아있다, 아이가 입양되었다 이렇게 멘트를 날리며 혜화의 마음을 뒤흔든다. 이미 말했지만, 한수 참으로 찌질하다. 그래서 어떻다는 거냐. 아이가 살아있다고 치자. 그런데 그게 뭐? 이제 와서 아이를 만나면 그들의 사랑이 복원되고 자신의 죄책감이 지워진다는 건가. 이런, 답답한 한수라니.

아이가 살아있다는 한수의 멘트. 그 멘트가 혜화의 귀에서 맴돈다. 게다가 한수, 그 증거로 아이의 입양각서까지 혜화에게 내민다. 아이가 죽은 것으로 믿고 있었던 혜화. 그게 아니란 말인가. 그게 아니구나, 입양 되었구나 이렇게 생각을 바꿔 나간다. 쿨해 보이던 혜화도 흔들린다. 그리고 치매에 걸린 엄마의 집을 찾은 날. 그 날 밤 혜화는 엄마의 장롱에서 엄마가 보관 중이던 친권포기 및 입양동의서를 확인할 수 있었다.

그래서 한수와 함께 아이를 찾아 나서게 된 혜화. 입양된 자신의 딸이 다닌다는 유치원이 내다보이는 건너편 차에서 아이를 살핀다. 마당에서 토끼가면을 쓰고 돌아다니는 아이가 바로 우리 아이라고 한수가 가리킨다. 물론 혜화의 마음은 편치가 않다. 이게 뭐하는 건가 싶었던 것이다. 그렇게 불편해하는 혜화에게 한수가 또 말을 붙인다. 군대에 있으면서 자기와 혜화 그리고 아이 이렇게 세 명이서 같이 밥을 먹는 상상을 많이 했다고 말이다.

한수 군대에서 다리 다치고 병원에 있을 때...
매일 이 사진 보면서 견뎠는데...
너랑 나랑... 이 아이랑... 같은 방에서 같이 밥 먹는,
그런 생각 하면서...
우리 세 사람... 가족이 될 수 있었잖아.
한수 나, 다음 달에 다시 캐나다 들어가.
복학하구... 영주권 얻으면, 거기서 계속 살려구.
한수 혜화야.... 같이 갈래?
한수 응?

'같이 갈래?' 바로 이거였다. 자기가 먼저 캐나다로 들어가서 영주권을 얻을 테니 뒤따라 들어오라는 것이다. 그런데 혜화는 거부한다. 5년 전 자기를 버린 한수가 아닌가. 그 한수를 이제 와서 다시 믿는다는 게 혜화로서는 자신이 없다. 한수가 자신의 제안에 혜화가 쉽게 오케이 할 거라 생각했다면 바보이거나 순진한 것이다. 어렵사리 한수와 함께 아이가 다닌다는 유치원에 온 혜화. 그러나 아이를 볼 수는 없었다.

그런데 미련이 남은 까닭일까? 혜화, 유치원을 다시 찾는다. 원장을 만나서는 아닌 척 하며 아이의 행방을 수소문한다. 어라, 그런데 포기하고 돌아갈까 한 상황에서 혜화, 드디어 아이를 예기치 않은 장소에서 만난다. 유치원 화장실에서 말이다. 혜화의 동작이 빨라진다. 이 아이를 어서 여기서 데리고 나가야지 싶었던 것이다. 아이를 달래 막상 유치원

밖으로 나오니 주차시킨 차가 보이지 않았다. 아이를 데려갈 방도가 갑자기 사라진 것이다.

그래서 혜화, 아이를 다시 유치원으로 들어가라고 돌려보낸다. 상봉 아니면 유괴? 이 묘한 사건은 실패로 돌아간다. 헌데, 이 장면을 길 건너편에서 한수가 보고 있었다.

장면 2-5 딸을 찾아 나선 혜화

자 이제 진실을 이야기하기로 하자. 한수와 혜화의 아이는 입양된 게 아니었다. 본래 혜화와 한수의 어른들은 혜화가 아이를 낳자마자 입양시킬 목적이었지만 아이는 태어나자마자 세상을 등졌다. 이게 진실이다. 아이가 입양되었으리라 여긴 한수. 아이를 입양했을 것으로 생각하고 찾게 된 어느 교수의 집에서 한수는 아이의 진실을 듣게 된다. 자기의 아이는 이미 태어나자마자 세상을 등졌고 교수는 다른 아이를 입양했던 것이다.

그렇다면 한수, 여기서 그쳐야 했다. 한수는 더는 모녀 상봉 이벤트를 기획하지 말아야 했다. 유치원 건너편에서 한수가 우리 아이라며 가리킨 그 아이. 그 아이는 실제로는 한수의 조카였다. 혜화를 잠시라도 기쁘게 해줄 목적으로 조카 아이를 마치 자신들의 아이인 듯 하며 모녀 상봉 이벤트를 기획한 것이다.

이 이벤트는 더 이어진다. 급기야 한수는 조카를 자신들의 아이처럼 가장해 혜화의 집으로 데려온 것이다. 그의 꿈이기도 한 그리고 그렇게 혜화가 바란 딸과의 상봉이 이뤄진 것이다. 이 상황이 혜화는 당황스럽다. 보고 싶은 딸이 와서 좋긴 한데, 이건 유괴 아닌가. 혜화는 아이를 당장 집으로 돌려보내려 하지만 그런 혜화를 한수가 말린다. 하루만 재우고 보내자는 것이다. 그리고 결국 이렇게 한수가 바란 아빠, 엄마, 딸이 함께 식사하는 가족 드라마의 꿈이 실현된다. 물론 이건 한수의 사기극이다.

이 가족 드라마는 바로 다음 날 아침 가짜라는 게 밝혀진다. 딸, 아니 한수의 조카가 엄마에게 전화를 거는 바람에 더는 가족 드라마를 이어갈 수 없었다. 마음이 바빠진 혜화. 혜화는 영문을 모르는 한수부터 이 집을 나가라 재촉한다. 그리고 경찰이 오기 전까지 혜화는 딸, 아니 한수의 조카를 정성스레 단장시킨다. 이 아이가 자신의 딸이라 확신하면서 말이다.

그런데 이를 어쩌나, 경찰과 함께 온 이들이 눈에 익다. 한수의 엄마와 누나가 경찰과 함께 들이닥친 것이다. 이게 뭐지 하는 혜화의 표정. 이제 혜화, 이 드라마의 정체를 알게 된다. 이건 한수가 꾸민 가짜 가족 드라마였다. 경찰서에서 한수의 누나는 이렇게 말한다.

한수 누나 아니예요. 캐나다에 아무 연고 없어요.

혜화 돌아가서... 학교 복학한다고 했는데...

한수 누나 미안해요. 거짓말이었어요. 캐나다로 유학 보냈다는 거.
그 때 한수 지방에 있는 기숙학교를 보냈어요.
고등학교만 졸업시켜서 유학 보내려고 그랬는데...
우리 한수... 고등학교도 못 마쳤어요.

캐나다로 곧 들어간다는 한수의 말은 거짓이었다. 뒤따라 들어오라는 말도 거짓이었다. 5년 만에 다시 혜화에게 나타난 한수. 그 한수가 한 거라곤 가짜 가족 드라마의 실행과 거짓 약속이었다. 5년 전에도 그랬지만 5년 후에도 한수는 혜화에게 또 상처를 주고 있다. 도대체 한수가 왜 이런 걸까? 한수는 가상의 가족 드라마를 기획, 실행해 잠시나마 혜화를 기쁘게 하고 싶었다. 그 뜻은 가상하다. 그러나 그 결과는 참혹하다. 그래, 좋게 말하자면 한수는 선의의 거짓말을 한 것이다.

그러나 선의의 거짓말은 모순어법이다. 그 참혹한 결과가 이 말의 모순을 입증한다. 한수는 아이의 죽음과 자신의 무책임을 인정하고 싶지 않았다. 아이를 다시 찾아보겠다는 한수의 외침은 그래서 혜화에게 큰 위로로 다가오지 않았다. 그건 자신이 대면해야 할 진실을 외면하는 회피인 까닭이다. 이 모녀 상봉 이벤트가 가짜라는 게 밝혀지는 장면에서 한수는 이렇게 말한다.

한수 우리 아이... 찾아주고 싶었어. 너한테 미안해서,
지금 내가 할 수 있는 게
아무 것도 없어서.

혜화 그렇다고 어떻게 그런 생각을 해.

한수 내가 다시 찾아볼게. 우리 아이, 다시 찾아볼게

혜화 도대체 왜 그러는데. 얘기 들었다며. 엄마가 다 얘기해줬다며.

우리 아이 찾아주고 싶었다는 한수. 자신이 할 수 있는 게 아무것도 없어서 조카를 자신들의 아이로 바꿔치기한 한수. 자신의 거짓이 밝혀지는 그 순간에도 아이가 죽은 게 아니니 다시 찾아보겠다는 한수. 찌질하다. 죽어서 더는 이 세상에 흔적도 없는 아이를 도대체 어디서 찾겠다는 건가. 아무리 혜화에게 미안한 마음이 크다 한들 꼭 이래야 한단 말인가.

그런데 한편 이런 한수가 전혀 이해 되지 않는 건 아니다. 다리 부상을 입고 제대한 젊은 백수인 한수가 할 수 있는 건 정말 아무것도 없다. 그래서 한수는 미안한 마음에 하지 말아야 할 이벤트를 꾸미고 만 것이다. 그런데 이 이벤트는 가짜로 밝혀진다.

이제 혜화는 어떻게 해야 할까? 혜화는 이 갑갑한 상황을 어떻게 풀어갈까? 다행히 혜화는 한수보다 한 수 위다. 이 난처한 상황을 혜화는 인정하기로 한다. 상처의 진실을 인정하고 싶지 않다고 그 이전으로 모든 상황을 되돌리려 애쓰지 말자는 것이다. 아이가 죽었다는 것. 그거 인정하자는 것이다. 더 솔직히 말해 그 아이가 태어난 그 긴 하루 동안 아빠는 도망가 있었고 어른들은 입양동의서 쓰고

있었던 어른들의 무책임을 인정하자는 것이다.

그리고 그와 동시에 혜화, 어른의 윤리를 우리들에게 환기시킨다. 이 철거촌을 배회하는 저 개들은 사정이 어떻더라도 자기 새끼를 버리지 않는다는 윤리 말이다. 주인으로부터 유기된 철거촌의 어미 개. 그렇지만 그 어미 개는 자기 새끼를 버리지 않는다는 것이다. 그래서 혜화는 한수에게 말한다. 인사하라고. 저렇게 자기 새끼 살린다고 애쓰는 해수란 이름의 저 어미 개에게 인사하라고. 이 대목이다. 혜화는 어떻게든 자기 새끼를 먹여 살리려는 해수란 이름의 어미 개에게서 어른의 윤리를 배운다.

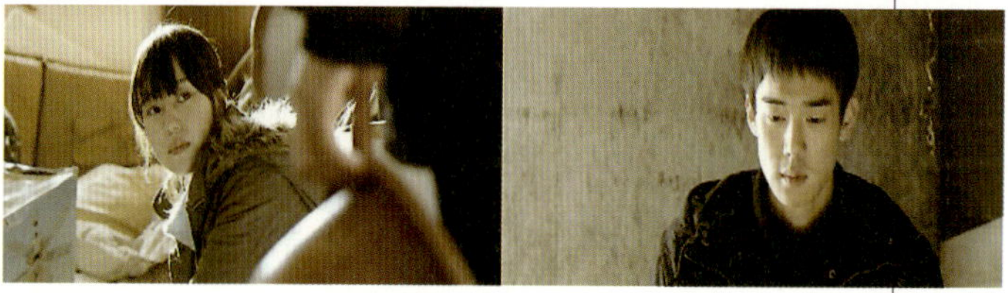

장면 2-6 유기견을 챙기는 혜화와 혜화를 돕는 한수

그렇다. 인정해야 하는 건 인정해야 한다. 그래야 삶이 '지속'될 수 있는 까닭이다. 사실 이렇게 인정하기란 쉽지 않다. 더구나 그 인정이 자신들의 무책임과 과오와 직결되는 것이라면 더욱 그럴 수 있다. 현실에선 어떨까? 아마도 많은 이들이 한수처럼 마주해야 할 진실을 회피하는 알리바이를 만들 수 있다. 그러나 이게 화근이다. 그 동기가 어디에 있든 한수가 기획한 모녀 상봉 이벤트와 가족 드라마는 가짜다. 그러나 그 가짜는 오래가지 않는다. 가짜는 진실을 순간 속일 수 있지만 이길 수는 없다.

4. 킬링이 아니라 힐링을 원한다면

인정해야 하는 건 인정하는 게 옳다. 이 인정은 용기의 다른 이름이다. 아이가 죽었다는 것. 이제 더는 이렇게 아이를 찾아다니지 말자는 것. 그리고 우리들의 무책임을 인정하자고 혜화는 말한다.

힐링이란 자신이 당면한 진실, 설령 그 진실이 상처의 진실이라 할지라도 그 진실을 인정하는 자에게 오는 축복이다. 바꿔 말하자면 힐링은 진실을 회피하는 자에게는 절대 오는 게 아니다. 인정해야 할 진실을 인정하지 않는 자에게 힐링은 언감생심이다. 그런 자에게는 힐링이 오는 게 아니라 킬링이 온다. 이런 점에서 혜화는 지혜롭다. 그녀는 아이의 죽음과 자신을 포함한 어른들의 무책임을 인정하고 있다. 한수는 어떤가?

한수 그 말을 믿어? 왜 다들 그렇게 말하는데?
너두 아이 사진이랑 입양동의서 봤잖어. 아직도 모르겠어?
너의 엄마랑 우리 엄마가 몰래...
혜화 이제 없어! 이제 세상에 없다구, 우리 아이!

한수 어떻게... 그런 말을 해, 혜화야. 너한테 거짓말 한 건 미안한데...
그렇다고 그런 말 쉽게 하는 거 아니야.

혜화 그래! 살아 있었지! 하루 동안 살아 있었지.
그 하루 동안... 아빤 도망가 있었구
엄마 무섭다고 벌벌 떨고나 있었구.
할머니들은 포기하겠단 도장이나 찍고 있었구!
그렇게 긴 하루 동안... 우리 아이 우리... 기다린 거야.
그런 게 아니잖아... 인정하기 싫다구,
다시 되돌릴 수 있는 거 아니잖아.

"인정하기 싫다고 다시 되돌릴 수 있는 거 아니잖아." 혜화의 이 말이 이 영화의 핵심 메시지이다. 그래 이것이다. 인정해야 할 건 인정해야 한다. 그리고 그 인정이 유기의 상처로 괴로워하는 혜화의 마음을 겨울에서 봄으로 움직이게 할 것이다. 인정하기 싫다고 다시 되돌릴 수 있는 건 아니라고 말하는 혜화. 혜화의 마음이 서서히 풀리고 있다.

이 영화의 마지막 장면이 빛난다. 인정할 건 인정하자고 쐐기를 박고 먼저 떠나는 혜화. 차에는 해수 딸로 불린 어미개와 그 새끼들이 한 자리를 차지하고 있다. 혜화의 차가 한수를 지나친다. 차를 멈춘 혜화. 백미러로 절룩이는 한수를 본다. 한수도 그 자리에 선다. 혜화, 차를 돌린다. 아마도 한수를 자기 차에 태울 듯하다. 그래 저 한수, 혜화가 그리 사랑한 저 한수도 참으로 불쌍한 녀석이다. 혜화의 마음은 다시 한수에게로 향하고 있다.

장면 2-7 백미러로 한수를 응시하는 혜화

이렇게 「혜화, 동」을 읽고 나니 문득, 20대의 나에게 돌이킬 수 없는 것들에 대해 더는 돌이키지 말 것을 충고한 어느 소설의 한 대목이 떠오른다. 이인성의 「낯선 시간 속으로」의 마지막 단락이다. 그 단락은 이렇게 마무리된다.

> 그러자, 여행 가방을 들고 역 건물을 막 나선 한 쌍의 남녀가 그 자리에 멈추어선다. 그리고 사방을 두리번거린다. 너희들은 어디서 왔는가? 어디서 이곳으로, 무엇 때문에? 그리고 어디로 갈 참인가? 나는 너희들의 시간을 거슬러 올라간다. 너희들이 어깨를 감싸고 앉아 말없이 창밖을 내다보며 이곳을 기다리던 기차 안. 쏜살같이 스쳐지나 가는 기차 옆의 풍경. 기차 안에서 바라보던 오후의 태양. 기차 안에서 밝아오던 아침. 싸늘한 쇠난간을 붙잡고 개찰할 때, 기름에 얼룩진 자갈과 철로가 뻗쳐나간 곳에서 희미하던 새벽빛. 역 앞의 시계탑. 텅 빈 새벽 거리. 새벽을 밟던 발소리. 몇 번씩 눈을 떴던 그 전날의 밤. 눈을 떴을 때마다 재깍재깍 들려오던 시계 소리. 그 전날, 내일을 마지막으로 다듬고 헤어지던 저녁의 유별난

불빛들. 이미 결정된 내일을 제가끔 생각하며 마주보고 있던 방, 너희들의 방…

…… 돌이킬 수 없는 것은 돌이킬 필요가 없는 것이 되어야 한다.

그래, 바로 이것이다. 인정할 건 인정해야 하고 돌이킬 수 없는 것들은 돌이킬 필요가 없는 것이어야 한다. 그래야 유기된 자의 결빙된 마음이 풀릴 것이다. 힐링, 그건 위로와 격려의 문제가 아니라 자신의 상처, 그 진실을 인정하는데서 오는 마음의 해빙일 게다. 그렇다면 힐링은 본인의 몫일 수밖에 없다.

제3장

튀자고? 그래, 튀어보자

「남쪽으로 튀어South Bound」, 자유를 위한 투쟁

[감독] 임순례
[출연] 김윤식, 오연수, 김성균
[장르] 드라마 | 코메디
[상영시간] 121분
[개봉일] 2013.02.06

1. 이건 코미디가 아니지

「남쪽으로 튀어」. 코미디 장르를 표방하는 영화다. 이 영화는 장면마다 희극적인 설정과 사건이 적지 않아 코미디로 분류되는 게 이상하지 않다. 등장 인물들의 다소 과장돼 보이는 연기도 이 영화를 코미디로 분류케 하는데 한몫한다. 그런데 이 영화의 무게가 묵직하다. 오늘날의 한국 사회, 더 정확히 말해 여전히 근대 국민국가체제의 한계에 갇힌 한국 사회를 겨냥해 이 영화가 던지는 돌직구가 꽤나 무거운 까닭이다.

코미디 장르의 영화라고 해서 당대를 향해 돌직구를 던지지 말란 법은 없다. 찰린 채플린의 영화를 상기하는 게 좋겠다. 찰리 채플린의

영화는 코미디이면서 코미디 그 이상이다. 「남쪽으로 튀어」라는 이 수상한 제목의 영화가 과장된 코미디 코드로 관객들의 웃음을 강요하는 게 아니라는 말이다.

'남쪽으로 튀어?' 영화 제목이 참으로 수상하다. '튀어라니.' 왜 남쪽으로 튀자는 건가? 도대체 남쪽으로 튀면 뭐가 나온다는 건가? 신비의 섬 이어도? 아니면 엘도라도? 이 영화 제목에서의 남쪽은 근대 국민국가의 신화가 강력히 작동하는 대한민국의 경계 바깥을 지칭하는 지리학적 표상으로 보인다. 근대 국민국가의 신화가 작동하지 않는 절대 자유의 공간. 그래서 너나 나나 국민이 아니라 오로지 한 개인으로 존재하는 탈국가의 공간. 아마도 '남쪽으로 튀어'의 남쪽은 너 나 모두를 오로지 개인으로 '허'하는 공간으로 보인다.

그런데 그런 공간이 현실적으로 존재하고 있을까? 근대체제가 전지구적 차원으로 작동하는 오늘날, 과연 근대 국민국가의 신화에서 자유로운 공간이 있을까? 먼저 이렇게 말하기로 하자. 그런 공간은 없다고 말이다. 남쪽으로 튄다고 해서 우리가 과연 근대 국민국가의 경계 바깥으로 초월할 수 있을지, 그건 장담할 수 없다고 말이다.

먼저 짚을 게 있다. 우리들의 정체성에 대한 이야기다. 당신은 누구인가? 먼저 이렇게 말할 수 있겠다. "나는 한국인이다." 좋다, 당신 한국인이다. 더 묻기로 하자. "한국인인 당신, 당신에 대해 더 이야기 해봐라." 그러면 아마도 당신은 나의 고향은 어디이며 어떤 학교를 나왔으며 하는 식으로 이야기를 이끌어 갈 수 있다. 그러나 이건 당신의 정체성이 아니다. 한국인이라는 게 과연 '나'의 정체성의 표지일 수 있을까?

또한 고향과 출신 학교가 '나'의 정체성의 표지일 수 있을까? 너무도 많은 이들이 자연스럽게 혹은 당당하게 자기를 설명하는 근거로 국적과 학연과 지연의 수사학을 동원한다. 그런데 이게 왠지 이상하다. '나'란 사람을 둘러싼 그 숱한 외적 표지들. 특히 '나'를 한국인으로 정의하는 그 숱한 외적 표지들이 진정 '나'의 정체성을 설명하는 합당한 근거일 수 있을지 의문이다.

2. 국민하니까 좋아요?

잊히지 않는 장면이 있다. 국민학교를 다닐 때의 일이다. 무슨 이유에서인지 담임 선생이 나를 포함한 학급 아이들 모두에게 국민교육헌장을 달달 외우게 했다. 수업을 마친 교실. 담임 선생은 학급 아이들을 줄 세워 당신 앞에서 국민교육헌장을 암송토록 했다. 담임 선생은 이 거룩한 헌장을 외우지 못하는 아이들을 학교에 붙잡아 두었다.

어떻게 된 일인지 나는 이 헌장을 외우는 게 영 고역이었다. "우리는 민족중흥의 역사적 사명을 띠고 이 땅에 태어났다"까지는 외울 수 있었다. 그 다음 대목은 생각나질 않았다. 담임 선생은 나처럼 국민교육헌장을 외우지 못하는 아이들은 정말 집에 보내주지 않았다. 나를 비롯한 몇몇의 아이들은 따로 학교에 남아 교실 복도를 걸레질 하며 "우리는 민족중흥의 역사적 사명을" 중얼중얼 외우고 또 외워야 했다. 머리가 여물지 않은 나였지만 이게 뭐냐 싶었다. 꼭 이렇게까지 해야 하나 싶었다.

“우리는 민족중흥의 역사적 사명을 띠고 이 땅에 태어났다”로 시작하는 국민교육헌장은 한 소년을 국민으로 탄생시키는 국가의 헌장이기도 했다. 아, 민족중흥이라니. 나 같은 부족한 아이에게 국가가 이런 사명을 다 주다니. 그런데 이게 영 수상하다. 어떻게 민족중흥의 위대한 사명을 국가가 나에게 묻지도 않고 일방적으로 짐 지울 수 있다는 건가? 나란 사람은 민족중흥을 위해 태어난 게 아니라 그저 뭐라 딱 꼬집어 말할 수 없는 우연과 인연의 몫으로 태어난 건데 말이다. 민족중흥을 위해 태어난 게 아닌데 말이다.

사정이 이런데도 이와 같은 탄생의 진실을 부인하는 이들이 있다. 우리만 그런 게 아니다. 가까운 일본이나 중국 등에도 국가주의 논리를 앞세우는 이들이 어마어마하게 많다. 문제는 이 논리의 힘이다. 엄밀히 말하자면, 민족중흥의 역사적 사명은 근대 국민국가의 신화이다. 개인의 실존을 압도하는 이 집단신화의 주술력. 이게 바로 우리들의 정체성을 왜곡하는 결정적인 근거일 수 있다는 것이다. 이 근대 국민국가의 신화에서 자유로운 한국인들이 그리 많아 보이지는 않는다. 아니 어쩌면 이 신화에 기대어 사는 게 속 편할 수도 있다.

한국인이면 누구나 만 십칠 세의 나이가 되는 해에 주민등록증을 발급받는다. 이 증을 발급받고 괜히 어깨를 으쓱했던 기억이 지금도 잊히지 않는다. 그런데 그게 아니었다. 이 증을 발급받는 그 순간, 그 십칠 세의 청소년은 국가의 국민으로 완벽하게 관리 받게 되는 것이었다. 그리고 이어지는 국민의 신성한 의무. 게다가 그 신성한 의무는 평생을 두고 우리를 따라 다니고 있으니 국민이 된 자, 이

의무에서 누구도 자유롭지 않은 것이다.

자 그런데 여기서 잠깐. 국민으로 살아간다는 것. 이 말의 의미를 되새길 필요가 있다. 국민으로 살아간다는 것은 하나의 통일된 기준으로 살아간다는 것을 뜻한다. 국가가 요구하는 의무나 기준을 충족하면 국민. 그렇지 않으면 비국민이라는 것이다. 그렇기에 납세, 국방 등 소위 국민의 의무라는 것은 좀 심하게 말하면 국민과 비국민을 나누는 기준처럼 보이기도 한다. 이 의무를 충족하면 국민이며 그렇지 않으면 국민일 수 없다는 것이다.

이렇게 국민의 의무가 유별나게 강조되는 사회에서 비국민으로 살아간다는 것은 그 자체로 고역이다. 아니 고역이 아니라 각오해야 한다. 비국민으로서 감당해야 할 차별과 억압에 대해서 말이다.

영화 「남쪽으로 튀어」는 바로 이와 같은 국민의 신화를 조롱하고 비튼다. 「남쪽으로 튀어」의 조롱과 비틈이 관객들의 웃음을 유발하는 코미디 코드인 건 틀림없다. 그런데 이 조롱과 비틈이 나에게는 한낱 코미디 코드로만 보이지는 않았다. 이 영화를 코미디로만 보기에는 우리들에게 짐 지워진 국민의 의무가 막중한 까닭이다. 「남쪽으로 튀어」에서 국민의 신화를 비트는 주인공은 해갑(김윤식 역)이란 이름의 요상한 아저씨다. 직업은 독립 다큐멘터리 감독. 그가 만든 작품이 〈주민등록증을 찢어라〉. 요즘 말로 느낌이 확 오는 제목이다. 이런 제목의 독립 다큐멘터리를 찍은 감독이니 국민의 의무, 이런 수사학을 얼마나 싫어할지 짐작할 수 있겠다.

영화는 이렇게 시작된다. 사방 경계가 보이지 않는 너른 바다에 작은 어선 한 척이 떠 있다. 그리고 어선에 선글라스를 낀 한 사내가 누워있다. 잠이 든 모습이다. 해경 경비선이 그 어선 옆으로 다가오더니 요원들이 이 사내를 깨운다.

해경1 아저씨
해경1 내 말 들려요?
해경1 아저씨
해경1 죽은 거 아니면 대답을 하세요.
해갑 어디가 남쪽이야?
해경1 뭐라고요?
해갑 남쪽이 어디냐고?
해경1 저기 아저씨
해경1 아저씨 혹시 탈북잡니까?
해갑 지랄하네 이 근처에 섬 하나 없나?
해갑 지도에는 없는 섬

장면 3-1 바다 한 가운데서 조우하는 해경 요원과 해갑

이 정체불명의 사내 해갑이가 말한 지도에는 없는 섬. 과연 그런 섬이 실제 있는지 우리로선 알 수 없다. 아마 현실적으로 그런 섬을 물색하는 건 불가능할 듯하다. 그래도 해갑은 꿈꾼다. 지도에는 없는 섬, 즉 국민으로 호명되지 않는 자유의 공간을 말이다. 영화는 이어서 국민이란 수사학에 알레르기 반응을 하는 해갑의 에피소드를 보여준다. 가령 이런 식이다.

여직원 국민연금은 은퇴자의 노후 생활을 도와주는 선진시스템인 거 아시죠?

해갑 라미란씨, 그건 각자 개인이 알아서 할 일이지 국가가 관요할 일은 아니야.

여직원 선생님은 노인이 돼서 비참하게 죽고 싶은 건 아니시죠?

해갑 미란씨 지금 협박하는 거야? 공무원이.

해갑 제멋대로 정해놓고 국민의 의무? 좋아 그럼 나 오늘부로 국민 안 해.

여직원 예? 이민 가시게요?

해갑 이민을 왜 가? 그냥 이 땅에 살면서 국민만 안 한다는데

여직원 그게 무슨 말씀인지?

해갑 한국 사람이라고 해서 반드시 한국 국민일 이유는 없어?

또 이런 식의 대화가 이어지기도 한다.

해갑 거 조용히 좀 합시다! 너무 시끄럽잖아.

손님1 아 이봐 이거 한일전이야. 월드컵 최종 예선.
해갑 그래서?
손님1 당신 한국 사람 아냐? 애국심도 없어?
해갑 지랄하네 뭔 놈의 애국심이 4년 만에 한번 씩 돌아 오냐.

대충 이 정도면 해갑이란 인물이 얼마나 국민이란 말을 혐오하는지 알만하다. 해갑은 국민연금공단 창구에서 이렇게 말한다. 노후? 그건 각자의 몫이라는 것이다. 제멋대로 기준 정해놓고 국민의 의무 강요하지 말라는 것이다. 와우, 대단한 해갑이다.

이뿐만이 아니다. 대포집에서 혼자 술잔을 들던 해갑은 TV로 중계되던 한·일전을 끊는다. 한·일전에 광분하는 '국민'들 때문에 짜증난 까닭이다. 그 짜증을 다스리기 어려웠던 해갑이 와와하며 '국민'들의 응원이 고조되는 순간, 티브이를 확 꺼버린다. 이러니 가게 손님들이 난리다. 한·일전에 광분하던 '국민'들이 해갑을 가만둘 리 없다. 당신은 애국심도 없냐는 누군가의 멘트를 해갑이 이렇게 받아친다. '뭔 애국심이 4년 만에 한번 씩 돌아 오냐'고 말이다.

이렇게 해갑은 국민이 아니라 그저 한 개인으로 살고 싶어 한다. 괜히 자기에게 국민의 의무니 애국심이니 말하지 말라는 것이다. 자기는 국민이 아닌 해갑이라는 한 개인으로 존재하고 싶다는 것이다.

장면 3-2 한일월드컵 축구경기에 흥분하는 손님들이 못마땅한 해갑

그러나 이렇게 해갑처럼 행동하기란 쉬운 게 아니다. 우리들 중 누군가가 해갑처럼 나 국민 하지 않겠다고 말하는 순간, 그는 십중팔구 불순분자로 고발당할 수도 있다. 아니 요즘 유행하는 말로 하자면 종북인사로 내몰릴 수 있다.

실제로 해갑처럼 나 국민 안 해 선언하고 행동하는 건 언감생심이다. 그렇지만 해갑과 같은 저돌적 방식은 아니더라도 우리는 시시때때로 국민을 회의할 줄 알아야 한다. 정말 국민으로 살아가니 행복하고 좋은지 말이다. 이렇게 나 자신을 둘러싼 근대 국민국가 신화의 진위를 묻는 일. 이 또한 우리를 힐링하는 한 방법이다. 아니 방법이 아니라 힐링의 절대적 조건이다.

3. 그리운 남쪽 어딘가로

국민이란 개념은 사실 그 기원이 섬뜩하다. 이 개념이 일본제국의 대동아공영 프로젝트 기획에 그 기원을 두는 까닭이다. 국민이란 개념이 진공에서 탄생한 게 아니라는 것이다. 천황에 복종하는 영혼 없는 신민. 그 신민이 바로 국민이었다. 국민의 역사적 배경이 이렇다보니 이 개념은 비국민에 속하는 여러 유형에 대해 적대적일 수밖에 없다.

국민 한 사람 한 사람이야 나는 아니라며 부인할 수 있겠지만 이 개념은 숱한 비국민들을 왕따시키고 적대하며 커왔다. 국민으로 호명되고 정의된다는 건 비국민과의 구분을 확실히 하자는 거며 그 확실한 구분이 때로는 적대적 차별로 이어져 왔다는 게 역사의 진실이다. 그러면 해갑은 어떤가?

해갑은 가족을 챙긴다고 죽자 사자 헌신하는 한국형 가장이 아니다. 대개의 한국형 가장이 낮 밤 가리지 않고 나 가장이야 하며 밥벌이 전선에 뛰어들지만 해갑은 그렇지 않다. 툭하면 가출과 귀가를 반복하는 해갑이다. 해갑은 정주형 인간이 아니었다. 어딘가를 싸돌아다니다 아무런 예고 없이 집으로 돌아오는 해갑이다. 노마드적 인간이 해갑이었다. 가장의 의무나 부모의 역할 이런데서 초연한 인간이 바로 해갑이다.

해갑의 자식들도 범상치가 않다. 대학 진학의 꿈을 접은 큰딸은 내 앞 길 내가 챙긴다는 주의다. 초딩 아들은 초딩 주머니나 털며 폼 잡는 중딩들을 그냥 지나치지 않는다. 해갑의 유전자가 자식들에게도 은근 이어지고 있다. 해갑이나 그의 자식이나 그 저력이 만만치 않아 보인다.

해갑의 아내(오연수 역)도 만만치 않다. 해갑을 여전히 존경한다는 운동권 출신의 아내. 이 아내도 아니다 싶으면 가만 있지 않는다.

따질 건 따지고 확인할 건 확인한다. 이런 일이 벌어진다. 막내딸이 다니는 초등학교 교장의 속을 아내께서 뒤집어 놓는 일이. 아닌 건 아닌 까닭이다. 은근히 촌지를 밝히는 교장. 해갑의 아내가 촌지를 줄 리 없다. 그리고 교장에게 이렇게까지 말한다. “교장선생님, 그 피부숍 교장선생님 돈으로 가신 거 아니죠?” 이 장면은 과장인가 허구인가? 결코 과장도 아니요 허구도 아니다.

사정이 이렇다고 해서 해갑과 그 가족이 무조건 당하는 건 아니다. 이 불순한 비국민인 해갑을 감시할 목적으로 두 명의 정보 요원이 해갑을 미행한다. 이 요원들은 해갑의 가게와 그의 다큐가 상영되는 극장에도 출입하며 해갑을 사찰한다. 그런데 이 두 요원이 스마트한 요원 같지 않다. 어리숙 해도 보통 어리숙한 게 아니다. 해갑이 이들에게 당하는 게 아니라 이들이 해갑에게 당하고 있다. 해갑의 뒤를 미행하던 이들. 오히려 해갑에게 들켜 해갑이 보는 앞에서 자신들의 주민등록증을 찢어야 했다. 괜히 〈주민등록증을 찢어라〉의 팬인 척 하다가 이런 난리를 겪는 것이다.

장면 3-3 해갑을 미행하다 주민등록증이 찢기는 공안 요원들

그런데 이렇게 당당한 해갑도 소신을 접고 서울을 떠야 했다. 사연은 이렇다. 고향 들섬에서 올라온 해갑의 후배(김성균 역)가 있다. 만득이라는 후배다. 만득이가 전해주는 고향 들섬 소식이 영 좋지 않다. 만득이가 해갑에게 이렇게 말한다.

해갑 만덕이 너 아직도 언덕빼기 집에 살어?
만덕 예 묘지들은 다 이장해 나갔고 그 땅이 이제는
만덕 나라 땅이 됐심다.
해갑 나라 땅이라니? 거가 왜 나라 땅이야?
만덕 그게 좀 애매해졌심다. 행님 할아버지가 그 땅을 내났잖습니까?
만덕 근데 개발이니 뭐니 땅주인을 찾아보니까
만덕 그 땅이 개인이 아니라 들섬으로 돼 있으니까
뭐 나라가 그마 홀라당 먹은 거지예.
그걸 주도한 사람이 국회의원 김하숩니다.

만득이 서울에 온 이유를 이제 알겠다. 만득은 들섬을 나라 땅으로 홀라당 바꿔버리고 개발이니 뭐니 난리를 치는 들섬 출신의 국회의원 김하수를 응징할 목적으로 서울에 온 것이다. 들섬을 슬쩍 나라 땅으로 바꿔치기 한 김하수. 이권이 걸렸는지 김하수가 장난을 친 것이다. 이 영화에서도 이렇게 근대 국민국가의 신화인 개발의 논리가 등장한다.

근대 국민국가 체제는 개발의 속도전 체제라고 해도 크게 틀리지 않다. 개발이 당연시되는 체제, 그게 바로 근대 국민국가 체제의 본질이다. 그리고 이 본질을 의심하는 국민들이 그리 많지 않다. 지금도 여기저기서 개발 개발하는 목소리가 끊이지 않는다. 그 압권이 소위 4대강 사업 아니던가. 개발의 논리와 욕망이 멀쩡한 강물을 틀어막은 것이다. 멀쩡한 강이 시퍼렇게 죽어가고 있지 않은가.

현실이 이런 까닭에 영화 속의 들섬 개발이 아주 허구처럼 들리지 않는다. 그러면 만득이의 서울행은 성공할까? 그렇지 않다. 어렵사리 김하수의 자택 잠입에 성공한 만득. 오히려 김하수 경호원들에게 붙잡히고 만다. 눈물로 호소하는 김하수에게 속은 만득. 거사는 실패한다.

여기서 영화의 서사는 새로운 방향으로 전개된다. 후배 만득을 붙잡은 경찰. 아내와 아들까지 고초를 치를 수 있다는 경찰의 은근한 협박에 해갑은 국가의 명예를 훼손하는 다큐를 더는 만들지 않겠다는 각서에 지문 날인하고 서울을 뜬다. 천하의 해갑도 아내와 아들까지 편히 두지 않겠다는 경찰의 협박을 외면할 수는 없었다. 사실상 해갑은 서울에서 추방된 것이다. 국가권력이 해갑에게 이렇게 선언한 것이다. “너 이제 그만 서울에서 나가줄래.” 이렇게.

그래서 그가 찾아간 곳은? 바로 그의 고향 들섬이다. 본래 이 영화의 원작은 오쿠다 히데오의 「남쪽으로 튀어」. 국내에서 번역 출간되어 나름 독자들의 인기를 끈 이 소설에서 작가는 일본이란 나라와 그 나라에 속한 소위 국민들이 여전히 국가주의 논리에서 자유롭지 않다는 것을 이야기한다. 이 소설을 원작으로 한 일본판 영화 「남쪽으로 튀어」도 그렇다. 이 소설과 영화는 하나 같이 일본과 일본 국민을 국민의 의무와 개발의 욕망을 내면화한 국가이자 인물로 재현하고 있었다.

그렇다면 들섬은? 들섬의 처지도 여간 딱한 게 아니다. 이 들섬도 곧 개발의 미명 하에 파헤쳐질 운명에 놓여 있다. 그런데 공교롭게도 들섬의 운명이 막 위기로 급전직하하는 시점에 해갑과 그의 가족들이 들섬을 찾는다. 해갑 가족들이 도착한 곳은 후배 만득의 집. 그런데 이상하다. 텅 빈 만득의 집이 허물어져 있다. 누군가 와서 부수고 난리를 친 흔적이 또렷하다. 들섬의 미래가 썩 좋아 보이지 않는다.

사정이 이렇지만 해갑이나 가족이나 서울에 비해서는 더 행복해 보인다. 해갑은 서울에서처럼 더는 여기저기 돌아다니지 않는다. 들섬이 워낙 작은 섬인데다가 육지로 나가는 게 수월하지 않다보니 이럴 수 있겠다. 그러나 그보다 더 중요한 이유는 해갑에게 들섬이 왠지 국가의 힘이 미치지 않는 공간처럼 여겨진 까닭이다. 그러니 어디 돌아다닐 이유가 없는 것이다. 그래서일까, 해갑이 무척 편해 보인다. 인상 쓰는 얼굴이 아니다. 가족들도 그렇다. 가족들의 얼굴도 환한다.

장면 3-4 들섬으로 이사한 해갑과 가족들

들섬에는 국민의료보험공단도 학교도 경찰서도 없었다. 너른 바다와 할머니와 할아버지, 염소, 순박한 젊은 경찰이 들섬에 있었다. 정말 들섬이야말로 주민등록증이 없어도, 국가의 이런저런 고지서가 없어도 편히 살 수 있는 섬 같다. 국가의 규율이 작동하지 않을 듯한 섬. 해갑은 이 섬에서 아들에게 낚시를 가르쳐주고 아내는 들섬 분교에서 선생님 역할을 한다.

들섬으로 복귀한 해갑. 해갑의 복귀는 해갑 가족 공동체 복원으로 이어진다. 서울에서는 이럴 수 없었다. 그런데 들섬에서 해갑과 해갑 가족들은 행복한 공동체를 구현할 수 있었다. 서울에서는 다소 헐거워 보이던 이들의 관계가 들섬에서는 공동체적 관계로 새롭게 탄생하고 있다.

4. 싸워라! 해갑이

홀로 서울에 남은 큰딸마저 들섬으로 온 그 날 드디어 해갑의 가족 공동체는 완벽하게 복원된다. 국가의 규율이 더는 작동하지 않는 들섬. 들섬에서 해갑의 가족은 오로지 그들만의 삶의 방식을 구현하는 가족 공동체로 복원된다. 그런데 이 행복도 오래 가지 않는다. 들섬과 해갑 가족의 행복을 뒤집는 사건이 드디어 터지고 만다. 들섬 청년회장이란 이가 해갑을 찾아와서는 이렇게 말한다.

윤태 여기는 곧 헐립니다.

윤태 헬기장이 들어설고예. 착공에 조금 미뤄졌지만

윤태 개발은 바로 계획대로 진행됩니다.

해갑 누구 맘대로?

윤태 아니 이 땅은 국유지입니다.

윤태 티브로 건설이 나라로부터 이 땅을 샀고

해갑 여기가 왜 국유지야? 옛날 내 조부께서

해갑 이 땅을 들섬 주민들에게 나눠주셨다고.
근데 그걸 나라가 왜 먹어

윤태 잘 모르시나 본데

윤태 티브로 건설이 나라로부터 이 땅을 넘겨 받는데
법적인 아무런 하자가 없었습니다.

이제 알 만하다. 들섬에 사람이 없는 이유를 말이다. 청년회장 같은 이들이 개발이란 명목으로 섬 원주민들을 섬 바깥으로 나가게 한 것이다. 역시 들섬도 대한민국의 영토였다. 발전이니 성장이니 하는 개발 역군들이 들섬을 가만 둘리 없다. 그래서 청년회장도 해갑에게 집을 비워달라고 요청하고 있다. 들섬 언덕 위에 위치한 해갑의 집. 아니 본래는 만득의 집. 이 집이 이들에겐 눈엣가시였다. 이들에겐 해갑이가 기분 나쁜 훼방꾼처럼 보였던 것이다.

사실 이 장면이 황당한 코미디 같지는 않다. 발전과 개발의 논리가 여전히 득세하는 오늘날 과연 이 말들의 주술력에서 자유로운 사람이 몇이나 될까. 개발을 반대하면 역적으로 몰리는 현실이다. 모름지기

국민이란 개발의 역군 아니던가. 개발에 동의하지 않는 국민은 국민이 아닌 게다. 대한민국 국민이라면 예외 없이 개발에 앞장서야 하는 것이다.

만약 개발에 동의하고 앞장서지 않는다면? 그 때는 이렇게 영화 속의 장면처럼 당하는 것이다. 해갑이 자리를 비운 사이 집을 절단 내는 용역들. 사실 이 장면은 영화 속 사건 같지는 않다. 발전과 개발을 명분으로 원주민들을 추방한 사례. 그 기시감이 오늘도 반복되고 있다.

장면 3-5 해갑의 들섬 집을 부수는 용역들

그래서 청년회장이 말하는 저 개발이라는 말이 사심처럼 들린다. 섬의 원주민들을 추방시키고 일방적으로 밀어붙이는 개발이라면 이건 개발이 아니라 소수 관계자들이 한탕 하자고 달려드는 일대 사기극이다. 이 개발의 검은 이면. 이 이면을 헤아려야 한다. 무심코 개발에 동의했다가는 쪽박 찰 수 있는 것이다. 다행히 해갑과 그의 가족은 개발이란 말에 확 넘어가는 이들이 아니다. 아니 넘어가지 않는 정도가 아니라 이 개발 세력과 맞장 뜨기까지 한다. 이 개발 세력을 대변하는 티브로 건설 고용 변호사가 해갑에게 이렇게 일갈한다.

변호사 나는 티브로 건설의 변호사 윤성주입니다.
변호사 자, 지금부터 공사시행에 따른
변호사 최종통고장 읽어 드리겠습니다. 1! 폐사 티브로 건설은
변호사 경상남도 남해군 청서면 들섬리
변호사 11-1에 무단으로 머물고 있는 피통고인
변호사 최해갑에게 신속한
변호사 퇴거를 요청하는 바이다. 2!
변호사 만에 하나 퇴거 통고에 응하지
변호사 않을 시에는 법적 절차에 따라
변호사 현 주소지에 가옥 및 건물 철거를 즉각 실시할 것이며,
변호사 그 때 발생하는 물적, 인적 피해에 대해 폐사는 일절...

어마 어마한 공갈이다. 소위 통고장에 따르면 해갑은 들섬에 무단으로 머물면서 티브로 건설의 공사 착공을 방해하는 삐딱한 인물이다. 그래서 티브로 건설은 아예 해갑이 나서서 공사 착공을 지연시킬 경우 민형사상 책임을 묻겠다고 한다. 이게 웬일인가? 이 따위 통고장이 싫어서 들섬으로 온 해갑이가 아니던가. 그런데 통고장이라니. 이런 통고장에 넘어갈 해갑이가 아니다. 이런 통고를 받을수록 열 받는 이가 바로 해갑이다. 이 통고장을 받은 해갑이 어떻게 반응하는가?

해갑은 앉은 자리에서 통고장을 박박 찢어버린다. 통쾌한 장면이다.

이런 통고장에 주눅들 해갑이가 애초부터 아니었다. 해갑은 이렇게 반격한다.

해갑 이 섬을 통째로
해갑 쳐먹을려는 김하수. 그 인간 올 때까지 여기서 한 발짝도 움직이지 않는다.
해갑 행여, 책임자 해명 없이
해갑 공사를 시작할 경우에 어떤 일이
해갑 발생할지 두고 봐.

정말 조용히 살고 싶어 들섬으로 복귀한 해갑을 오히려 건드린 꼴이다. 더는 뒤로 물러설 수 없는 해갑이다. 서울에서 추방되어 들섬으로 오게 된 해갑 아닌가. 더는 물러설 수 없는 해갑은 이 개발 역군들과 싸울 수밖에 없었다. 해갑이라고 이 싸움을 원한 건 아니다. 그러나 싸움을 걸어온 이상 해갑은 싸우기를 마다하지 않는다.

이럴 때 해갑은 부당한 처사에 저항하고 불복종하는 시민처럼 보인다. 이 불복종하는 시민 해갑은 싸워야 할 대상을 확실히 한다. 그 대상은 바로 국회의원 김하수다. 반드시 김하수를 손보겠다고 해갑이 각오한다. 이렇게 변호사의 통고에도 해갑이 계속 버티자 드디어 티브로 건설에서 어마어마한 중장비를 동원한다. 다윗과 골리앗의 싸움이다. 중장비를 필두로 들섬 언덕 위로 진군하는 티브로 건설 관계자들은 걸음도 당당하다.

장면 3-6 용역들과 한 판 대결을 벌이는 해갑

저 중장비를 해갑이 어떻게 대응하려는 건가? 진군하는 포클레인에 맞선 해갑이 오히려 무모해 보인다. 그런데 이게 웬일인가? 기세등등하게 마당 안으로 진군하던 포클레인이 해갑이 미리 파놓은 함정에 우당탕 빠져 버린다. 와우! 해갑이 보통 아저씨가 아니다. 그냥 당하는 해갑이가 아니다. 그리고 이어지는 육박전. 해갑은 이 육박전에서도 밀리지 않는다.

왜? 이유가 있다. 해갑은 자기를 걸고 싸우고 있다. 이권 때문에 싸우는 게 아니다. 신념이니 이념이니 이런 게 중요한 게 아니라 자기를 걸고 싸우는 게 중요하다. 여기서 밀리지 않겠다는 결의. 아니 밀리더라도 그냥 밀리지 않겠다는 각오. 이 세상이 개발로 미쳐 돌아가도 나라도 맞장 떠야 한다는 마음 다짐. 이런 태도로 해갑은 육반전을 펼친다.

해갑의 가족도 육박전에 돌입한다. 그러나 수에서 밀리는 해갑과 그의 가족. 해갑의 집은 난장판처럼 쪼개지고 부서진다. 거의 유린 수준이다. 게다가 막내딸이 애지중지 사랑하던 염생이마저 죽는 불상사가 생기고 만다.

이 장면은 코미디인가? 정말 이 장면은 코미디인가? 아니다. 이 장면은 코미디로 보기에는 현실 환기력이 무척 강하다. 포클레인 중장비를 동원해 들섬 언덕의 집을 난장판으로 만드는 이 장면은 추방과 개발을 반복해온 한국 근대체제의 한계를 정면으로 환기시킨다. 개발과 성장의 미명 하에 내쫓긴 이들. 자신들의 안식처를 하루아침에 탈취당한 이들. 과연 그들은 오늘도 안녕할까?

사태가 여기까지 오자 본격적으로 김하수와 맞장 뜰 각오를 다지는 해갑. 그 맞장은 김하수가 리조트 개발 건으로 들섬을 방문할 때 극적으로 폭발한다. 들섬을 찾은 국회의원 김하수, 완전 사기꾼의 전형이다. 그가 섬에 도착하자 여러 사람이 머리를 조아리지만 그가 존경스러워 그런 게 아니다. 떡고물이 떨어지지 않을까하는 조아림이다.

김하수, 입만 열면 들섬의 밝은 미래를 약속하지만 그건 '뻥'이다. 그는 들섬의 미래가 중요한 게 아니다. 들섬의 미래를 떠들며 자기 잇속만 챙기면 되는 것이다. 김하수 스스로 추종자들이 없는 자리에서 지인들에게 이렇게 실토한다. 섬사람들 등쳐서 우리끼리 한 몫 챙기자고 말이다. 해갑과는 척질 수밖에 없는 인간이 바로 국회의원 김하수다. 그러면 해갑의 대응은?

그건 바로 김하수 납치이다. 해갑은 리조트 기공식이 열리기 전 김하수를 인질로 납치한다. 후배 만득이가 남긴 다이너마이트로 무장한 해갑이 김하수 세력에게 선전 포고한다. 공사장을 폭발한 해갑, 김하수를 납치하고는 섬사람과 섬을 찾은 모든 이들 앞에서 자신의 말을 김하수가 복창케 한다.

해갑 나는 들섬을 팔아먹었다.

김하수 아니 이 사람이 정말 참...

해갑 따라하지 않으면

해갑 밑으로 떨어진다.

김하수 어 이 사람.. 난 들섬을 팔아 묵었다.

해갑 더 크게.

김하수 나는 들섬을 팔아 묵었다.

해갑 나는 들섬 주민을 등쳐 먹었다.

김하수 나는 들섬 주민을 등쳐 묵었다.

해갑 나는 돈밖에 모르는 쥐새끼다.

장면 3-7 국회의원 김하수를 붙잡은 해갑과 해갑을 지원하는 아내

이 장면처럼 정치인을 희화화한 사례가 또 있을까? 이 장면에서의 국회의원 김하수는 자기 한 목숨 살리자고 시키는 대로 뭐든 다 하는 소인배 같다. 중인환시리에 김하수는 자신의 사기꾼 행각을 스스로 폭로하고 있다. 그가 장담한 들섬의 밝은 미래가 사실은 사기라는

게 밝혀지는 순간이다. 대단한 해갑이다.

아침이 밝아도 김하수의 행방은 묘연하다. 아니 묘연한 게 아니라 경찰들이 김하수를 찾지 못하는 것이다. 그는 저 들섬 꼭대기의 등대에 묶여 괴롭게 헐떡이고 있다. 비국민 해갑의 완승이다. 그러나 완승은 완승이지만 더는 들섬에 머물 수 없는 해갑과 그의 아내이다. 밤새 국가 권력을 대리하는 김하수를 대상으로 투쟁을 전개한 해갑 아닌가. 선택은 없다. 들섬을 떠나야 하는 것이다.

그런데 이 장면 참으로 쿨하다. 해갑의 가족들은 서로 잉잉대며 헤어지는 게 아니다. 해갑과 아내, 자식들아 너희들 믿겠다는 식이다. 글쎄, 또 다시 강조하지만 해갑과 그의 아내 대단하시다. 한국의 부모들이란 자식들의 인생까지 자기가 대신 살아줘야 한다 생각하는 사람들 아닌가.

그러나 해갑과 그의 아내 그냥 아이들을 두고 섬을 등진다. 이 섬의 할아버지, 바다, 산 등이 이 아이들을 지켜줄 거라 믿는 것이다. 아마도 해갑이 이 섬을 지키고 싶었던 이유. 그건 들섬에서 근대 국민국가 체제의 규율과는 다른 삶의 방식을 실험할 수 있었던 까닭일 게다. 이 영화에서 우리가 주목해야 하는 건 바로 이 지점이다. 근대 국민국가체제의 신화에 구속되지 않으려는 해갑의 자유 의지 바로 이 해방의 의지를 우리는 눈여겨봐야 한다.

자 이 시점에서 다시 자신에게 묻기로 하자. 근대 국민국가체제의 신화와 국민의 의무는 정말 우리를 행복하게 하는 원천적 근거가 될 수 있을까? 이보다 먼저 묻고 되살려야 하는 건 국가와 국민의 경계를 가로지르는 자유 의지의 구현 아닐까? 우린 어느새 너 나 없이 착한 국민이 되어 버렸다. 국가의 신화와 국민의 의무를 이야기하기 이전에 우리는 먼저 저 너른 바다 남쪽 어딘가에 있을 들섬을 찾아봐야 할 것이다.

제4장

사랑, 그 이후의 시간

「건축학 개론Architecture 101」, 사랑은 어떻게 완성되는가?

[감독] 이용주
[출연] 엄태웅, 한가인, 이제훈, 수지
[장르] 드라마 | 멜로
[상영시간] 118분
[개봉일] 2012.03.22

1. 정말 사랑이 변하는 걸까?

누구에게나 개화의 시간이 있다. 난 그렇게 믿는다. 그게 누구의 삶이든 온통 지옥이라고 말하기는 어려운 법이다. 그게 설령 찰나라고 해도 상관없다. 개화의 시간이 있었다면 될 일이다. 이 개화의 시간. 이를 사랑의 시간으로 불러도 크게 문제될 거 같지 않다.

오로지 한 대상에게만 전적으로 몰입할 수 있는 시간. 그래서 그 대상과 함께 나 또한 새롭게 열리는 신비의 시간. 그 사랑의 시간이 누구에게나 있었을 것이다. 혹 그런 시간이 있지 않았다면 언젠가는 반드시 올 것이다.

여기서 잠시 최인훈의 『광장』 한 대목을 기억하면 좋겠다. 최인훈은 『광장』 서문에서 이렇게 말하고 있다.

> 나는 12년전, 이명준이란 잠수부를 상상의 공장에서 제작해서, 삶의 바다 속에 내려 보냈다. 그는 〈이데올로기〉와 〈사랑〉이라는 심해의 숨은 바위에 걸려 다시는 떠오르지 않았다.
>
> 여러 사람이 나를 탓하였다. 그 두 가지 숨은 바위에 대한 충분한 가르침도 없이 그런 위험한 깊이에 내려 보내서, 앞길이 창창한 젊은이를 세상 버리게 한 것을 나무랐다. 사람들은 옳다. 그러나 숨은 바위에 대해 알고 있다면 누가 잠수부를 내려보낼 것인가. 우리가 인생을 모르면서 인생을 시작해야 하는 것처럼, 소설가는 인생을 모르면서도 주인공을 삶의 깊이로 내려 보내야 한다. 그렇게 해서 살아오는 경우 그의 입으로 바다 밑의 무섭고 슬픈 이야기를 듣게 되는 것이오-돌아오지 못하는 경우는, 그의 연락이 끊어진 데서 비롯하는, 그 밑의 깊이의 무서움을 알게 된다.
>
> 이명준은 그 암초를 피하지는 못했지만, 거기까지 이르는 사이의 바다 밑 지리며, 심도에 대해서는 송신해 주었다.

『광장』은 식민지와 해방, 그리고 광기의 한국전쟁으로 이어지는 격동의 현대사를 배경으로 쓰인 최인훈의 대표작. 『광장』의 주인공이 그 유명한 이명준. 대립과 갈등, 처형과 살육의 한국전쟁. 여린 감수성의 이명준이 이 광기의 전쟁을 감당하는 게 고통이었다. 아니, 어찌 이명준만 그랬을까. 이 땅의 수많은 젊은이들이 그 전쟁의 광기를 감당하는 게 통렬한 고통이었다.

그 이명준으로 하여금 전쟁의 광기를 버티게 한 힘은 다름 아닌 사랑. 그 사랑의 힘으로 이명준은 그 어디에도 구속되지 않는 자기만의 생을 창조하고자 했다. 『광장』의 한 대목.

> 눈을 뜨고 은혜를 들여다 본다. 그녀도 눈을 뜨고 남자와 눈길을 맞는다. 서로, 부모미생전 먼 옛날에 잃어버렸던 자기의 반쪽이라는 걸 분명히 몸으로 안다. 자기 몸이 아니고서야 이렇게 사랑스러울 리 없다. 그는 팔을 둘러 그녀의 허리를 죄었다. 뉘우치지 않는다. 내가 잘나지 못한 줄은 벌써 배웠다. 그런 어마어마한 이름일랑 비켜가겠다.
>
> 이 여자를 죽도록 사랑하는 수컷이면 그만이다. 이 햇빛. 저 여름 풀. 뜨거운 땅. 네 개의 다리와 네 개의 팔이 굳세게 꼬여진, 원시의 작은 광장에, 여름 한낮의 햇빛이 숨가쁘게 헐떡이고 있었다. 바람은 없다.

일전일퇴를 거듭하는 낙동강 전선. 그 전선에서 인민군 신분으로 전쟁에 참여하게 된 이명준. 그러나 이명준에게 이 전쟁은 명분 없이 사람의 목숨을 앗아가는 광기에 불과했다. 그런 이명준을 버티게 한 사람. 그 사람이 은혜였다. 그는 죽도록 전쟁을 하고 싶은 게 아니라 죽도로 사랑을 하고 싶은 거였다. 그러나 그 은혜도 낙동강 전선에서 전사하고 만다. 사람들이 죽고 사는 전선에서 은혜마저 잃고 만 이명준. 이명준이 이 광기의 전쟁을 버틸 힘마저 잃고 만 것이다. 결국 이명준은 인도에 도착하기 전 인도양 너른 바다에 몸을 던지고 만다.

그렇다면 그의 사랑은 실패한 사랑인가? 아니다. 그렇게 볼 수는 없을 것이다. 중요한 건 사랑이 고양되는 그 순간인 까닭이다. 이명준이 낙동강 전선에서 은혜의 몸을 안은 그 순간, 이명준은 광기의 전쟁을 버틸 수 있었던 것이다. 그 순간에 이명준은 회생한 것이다. 그 회생이 바로 사랑의 본질이고 사랑의 시간이다.

여기서 한 발 더 나가기로 하자. 사랑의 감각이 고양되는 그 시간도 중요하지만 그 감각이 소멸된 이후의 시간도 그에 못지않게 중요하다는 것이다. 사랑의 감각이 지나간 그 이후의 시간. 이 사랑 이후의 시간에 대한 대응과 대처가 힐링의 중요한 모멘텀일 수 있다는 것이다.

이제 이렇게 말해 보기로 하자. 누구에게나 개화의 시간, 그러니까 사랑의 시간이 찾아온다. 오로지 한 대상에게 집중할 수 있는 몰입의 시간이. 그런데 사랑의 포인트는 사랑이 지속하는 그 시간에만 있는 게 아니다. 아니 어쩌면 사랑 이후의 시간에 대한 대응이 사랑을 완성하는 계기와 국면일 수 있다는 게 사랑에 관한 나의 소신이다.

멜로의 거장 허진호 감독은 「봄날은 간다」에서 이에 관한 불후의 장면을 만들었다. 은수(이영애 역)를 사랑한 연하남 상우(유지태 역). 그가 이렇게 외친다. “왜 사랑이 변하냐고.” 이렇게 순진할 수가. 아쉽게도 혹은 다행스럽게도 사랑은 변하는 것이다. 변한 사랑 앞에서 울부짖는 청춘들이 한 둘이 아니지만 사랑은 변하는 것이다. 인간의 성장이란 이 사랑의 역설을 깨닫는 데에서 비로소 시작한다. 내 사랑은 영원할 거라고 확신하는 이들. 그러나 그들의 사랑도 변하고 그들 역시 그 변하는 사랑 앞에서 괴로워하기 마련이다.

그런데 뭔가 이상하다. 사실은 사랑이 변하게 아닌 까닭이다. 더 사실대로 말하면, 사랑이 변한 게 아니라 사람이 변한 것이다. 변한 건 자신인데 괜히 사랑이 변했느니 아니니 타박하는 것이다. 따지고 보면, 사람이 변한 이유도 별 게 아니다. 오해이거나 착각이거나 괜한 자신의 고집이 그런 사단을 만든 것이다. 자신의 사랑을 균열시킨 주인공은 바로 자신이라는 사실. 바로 이게 사랑의 진실일 수도 있다.

그러니 이제 사랑이 변했느니 변하지 않았느니 묻지도 따지지도 말고 사랑 그 이후의 시간에 어떻게 대응해야 할지 생각키로 하자. 이 또한 당신의 사랑을 완성할 힐링의 요체일 수 있는 까닭이다.

2. 아마추어의 사랑 혹은 오해의 드라마

「건축학 개론」처럼 대중들의 열광적인 지지를 받은 멜로가 또 있을까? 이 영화를 본 허다한 관객들이 "저건 내 이야기"인데, "그래 저땐 저랬지" 하며 좋아했고 안타까워했다. 그리고 승민(이제훈 역)과 서연(수지 역)의 사랑이 어떻게 시작되고 좌절되는지, 성인이 된 그들이 그 사랑을 어떻게 완성하는지 지켜봤고 승민의 재수생 친구 납득이의 코믹스런 연애 강의를 들을 때는 키득키득 거렸다.

2013년 겨울을 뜨겁게 한 '응답하라' 열풍. 1990년대 대중문화를 배경으로 90년대 학번들의 우정과 사랑을 그린 '응답하라' 시리즈가 대중들의 인기를 끌었다. 「응답하라 1997」에 이은 「응답하라 1994」는 아마도 이 방면의 신기원으로 기억될 드라마이지 않을까 싶다. 그런데 이처럼 90년대 학번들의 이야기가 대중들의 관심을 끌게 된 데에는 「건축학 개론」의 공헌이 크다.

이 영화는 1990년대의 약간은 촌스런 대학 풍경을 필두로 삐삐, 필름 카메라, CD기, 가수 전람회의 「기억의 습작」 등 1990년대를 환기시키는 소품을 여기저기 배치한다. 그리고 관객들은 「건축학 개론」이 배치한 1990년대의 장면들을 보며 승민과 서연의 사랑을 지켜본다.

영화는 이렇게 시작된다. 어엿한 성인이 된 서연(한가인 역), 제주도의 고향집을 찬찬히 살피고 있다. 집은 텅 비어 있다. 어떤 이유에서인지 공사를 하다가 그만 둔 집처럼 보인다. 마당에서 바다가 보이는 매력적이긴 집이긴 한데, 사람이 살지 않는 텅 빈 집이다. 서연이 이 집을 찬찬히 오가며 살펴본다. 거실을 살핀 서연, 방문을 연다. 자신이 쓰던 방 같다. 그리고 마당으로 나온 서연. 집을 다시 살펴보고는 대문을 나선다. 그리고 장면 전환.

장면 4-1 제주도 집을 살펴보는 서연

전환된 장면은 서울 어딘가에 있을 건축 사무소이다. 그 사무소에 승민이 밤샘 작업을 하고 쪽잠을 자는 중이다. 사무소장의 타박이 이어지던 중 약혼자이자 같은 사무소 직원이기도 한 은채가 승민에게 친구가 왔다는 전갈을 전한다. 친구가 바로 서연이다. 그런데 승민은 서연이 낯설다. 누군지 감이 잡히지 않는다.

반면 서연은 그렇지 않다. 서연은 승민을 금방 알아본다. 서연은 승민에게 그 동안 어떻게 지냈냐며 안부를 묻는다. 그래도 승민은 이이가 누구지 하는 뜨악한 표정이다. 상황이 이렇게 되자 서연이 자기를 더 적극적으로 소개한다. "나 대학 일학년 때 양서연, 나 음대"라고 하면서 말이다. 그러자 승민이 "아" 하며 아는 척 한다.

그런데 승민의 태도가 썩 개운하지 않다. 서연을 대하는 태도가 겉돈다. '니가 여기 웬일?' 이런 태도다. 서연이 승민을 찾은 이유를 말한다. 제주도에 집을 지어야 하는데, 승민이 니가 설계 해달라는 부탁이다. 그러나 승민은 난색. 그럴 마음이 없다. 결국 소장이 개입하여 승민에게 괜찮으니 설계를 맡아보라고 권하게 된다. 첫 작품이라는 말까지 남기며 말이다.

자 이 시작 장면에서 「건축학 개론」은 두 인물에 관한 중요한 실마리를 제공한다. 서연은 일부러 승민을 찾아온 것이다. 그 너른 서울에 설계사가 어디 승민 밖에 없을까? 찾으려면 얼마든지 또 다른 설계사를 찾을 수 있는 서연이었다. 그런데 승민으로선 서연의 제안이 반갑지 않다. 소장이 해보라 하니 하긴 하지만 내키지 않는 승민이었다. 이렇다 보니 승민의 입에서 나오는 말들이 듣기 좋지 않다.

승민 저기 그 전에.. 집은 왜 짓는데?

서연 왜냐니?

승민 아니 그 비싼 강남에 사시는 사모님께서 구태여 그렇게 제주도 촌구석에다 집을 짓는다는 이유가 그게.. 뭐냐고?

서연 공기가 좋잖아.

승민 남편이 돈을 잘 버나봐? 공기 좋은데다 집도 뚝딱 짓고.. 아 투기야?

승민 하긴 뭐 제주도가 뭐 요새 올레 때문에

승민 핫하긴 하지. 잘만하면 꽤 남을 거야.

서연 너 말 되게 예쁘게 한다.

서연 그래.

서연 돈 지랄이야. 돈 지랄이면 집도 못짓니? 내키지 않으면 하지마. 내 돈 갖고 사정하면서 일 시킬 생각 없어.

장면 4-2 어른이 되어 만난 서연과 승민

주고받는 말이 비수다. 특히 승민이 그렇다. 뭔가 반갑지 않은 것이다. 돈이 많아 보인다는 둥, 투기냐는 둥 서연을 긁는다. 서연도 기분이 보통 상한 게 아니다. 왜 이럴까? 이 시작 장면에서 보이는 승민과 서연의 말다툼은 영화가 종료되고 나서야 이해되는 둘만의 감정이다. 승민은 서연이 어려운 것이다. 어렵다? 무슨 말인가? 승민은 서연을 모르겠다는 것이다. 서연의 화법도 이해 불능이고 그 마음을 도통 모르겠다는 것이다. 그래서 오래전 승민이 서연에게 이별을 선언한 게 아닌가.

그런데 오랜 시간 연락이 없던 서연이 나타난 것이다. 그것도 제주도에 집을 지어달라는 부탁과 함께 말이다. 당연히 승민으로서는 이 상황이 어색하고 반갑지 않은 것이다. 이 여자 또 무슨 꿍꿍이를 이렇게 생각할 수 있는 승민이다.

그러나 결국 제주도의 서연의 집을 보러 가게 된 승민. 서연은 제주도 집에 도착하기 전에 승민에게 자기 과거를 압축 버전으로 말한다. 대학 졸업하고 아나운서 시험 준비하다가 떨어지고는 에라 결혼이나 하자 하는 마음으로 결혼했다는 그렇고 그런 라이프 스토리를 말이다. 제주도 집에 도착한 서연. 대문을 열며 말한다. 이 집은 아빠 집이라고. 아빠가 퇴원하면 이 집에서 편안히 지냈으면 싶다고 말이다. 이게 집 짓는 이유라는 것이다.

서연은 이 집이 아빠의 집이라고 하면서도 마치 자신의 집인 듯 이번 기회에 싹 새로 짓고 싶다고 승민에게 말한다. 그러나 승민과 서연의 마음은 한동안 어긋난다. 승민의 설계가 서연은 마음에 들지 않는다. 승민 역시 정성을 다해 서연의 집을 설계하는 건 아니다. 이렇게 미묘하게 갈리는 두 사람의 말과 마음. 이들의 어긋나는 말과 마음을 배경으로 영화는 과거의 그들을 호출한다.

이 영화가 과거로 회귀한 첫 지점은 건축학 개론 강의실이다. 강의에 늦은 서연이 강의실로 뛰어 가는 중이다. 이미 강의는 시작된 상황. 조용히 문을 열고 자리에 앉은 서연. 그런 서연을 바라보게 된 승민. 느낌이 온다. 승민은 한 눈에 서연이 좋은 것이다. 이 호감은 논리적인 문제가 아니다. 그냥 호감이 가는 것이다. 이때부터 서연을 지켜보게 된 승민. 마음이 싱숭생숭하다. 그리고 그 마음은 서연과 건축학 개론 과제를 같이 하게 되면서 더 복잡해진다.

풋풋한 대학 새내기인 그들. 그들은 서울의 오래된 마을인 정릉의 여기 저기를 다니며 밀당을 주고받는다. 자신을 제주도 출신 새내기로 소개하는 서연. 아주 당당한 캐릭터는 아니지만 주눅 들어보이지는 않는다. 응사의 하숙생과는 달리 서연은 시골 콤플렉스가 많아 보이지는 않는다. 그렇지만 음대의 주류는 아니다. 자신의 전공인 피아노에 애착이 있는 건 더욱 아니다. 아빠가 원해서 하게 된 전공이기는 하지만 그 이상은 아니라는 것이다.

오히려 주눅 들어 보이는 쪽은 정릉 토박이인 승민. 승민이는 제주도에서 왔다는 이 새내기 아가씨를 확 끌어당길만한 뭔가가 없는 친구다. 부자집 아들도 아니고 화술이 뛰어난 것도 아니다. 그렇다 보니 이 밀당에서 승민은 서연에 비해 한 수 아래다. 그들의 말은 이렇게 이어진다.

과거 서연 저 알죠?

과거 승민 예?

과거 서연 건축학개론 수업 듣지 않아요?

과거 서연 일학년이예요?

과거 승민 예

과거 서연 건축과?

과거 승민 네

과거 서연 여기서 오래 살았어요?

과거 승민 예

과거 서연 얼마나?

과거 승민 뭐 태어나서 쭉.

과거 서연 그럼 이 동네 되게 잘 알겠다.
나는 이사온 지 얼마 안 돼서 하나도 모르는데..

장면 4-3 정릉의 골목길과 빈 집을 찾아다니는 과거의 서연과 승민

초보적 수준의 탐문에 들어간 서연과 승민. 이 탐문에 뒤이어 둘은 정릉의 골목과 집을 과제 삼아 탐색한다. 밀당을 주도하는 인물은 서연이다. 먼저 말을 놓은 서연은 승민에게도 말을 놓으라 한다. 그리고 계속 이어지는 이들의 과제 수행. 이 수행이 승민에게는 사랑의 시작이었다. 엄마에게 얼른 옷을 빨아 달라하다 지청구를 듣기도 하고 납득이가 준 헤어젤로 온갖 멋을 다 부리다 새로 머리를 감기도 한다. 서연에게 잘 보이고 싶은 것이다.

그리고 또다시 같이 하게 된 과제 수행. 도착한 장소는 개포동. 버스로 개포동까지 가게 된 것이다. 개포동이 내려다보이는 어느 건물의 옥상에 오른 그들. 서로의 가족 이야기, 고향 이야기를 주고받는다. 이러던 중 서연, "들을래?"하며 이어폰 하나를 승민의 귀에 꽂아준다. 그 이어폰을 타고 나오는 노래. 전람회의 「기억의 습작」이다. 이 상황, 단 둘이 어느 건물의 옥상에서 올랐고 그 옥상에서 단 둘이 전람회 노래를 듣는 이 상황. 승민이 동요하고 있다. 이를 계기로 승민, 동네 포장마차에서 납득이와 소주도 마시고 고민이 깊어간다. 마음과 감정이 복잡해진다. 서연에게 매료된 승민. 그런데 서연의 마음을 모르겠다는 것이다. 서연의 마음속을 들어갈 수도 없고 답답할 노릇이다. 서연이가 혹시 그 잘난 학과 선배 재욱을 좋아하는 게 아닐까하고 승민은 걱정하는 것이다. 그래서 재수생 친구 납득이에게 자기의 마음을 고백한다. 서연이 예쁘다고 난리 치면서 말이다. 승민이 서연을 좋아하는 이유? 그 이유는 없다. 사랑의 시작은 논리가 아니다. 그건 순간의 감정이고 순간의 판단이다.

이런 승민의 사랑이 어설퍼 보이기는 한다. 사랑에 관한 한 승민은 아마추어다. 뭘 어떻게 해야 하는지 도통 모른다. 그런데 어설픈 사랑이 마냥 나빠 보이지는 않는다. 아무 조건 없이 좋아할 수 있는 것. 그냥 그 상대가 좋고 사랑스러운 것. 이게 바로 승민이의 사랑이다.

문제는 승민의 사랑이 아마추어의 사랑이라는 게 아니라 이런 사랑이 오늘날 보이지 않는다는 것이다. 인생을 살면서 한 번 쯤은 아무 조건 없이 한 사람을 깊이 좋아할 일이다. 그게 상처가 될지 안 될지 그건 나중 일이다. 한번은 사랑에 몰입해보는 것. 그게 그리 나빠 보이지는 않는다. 바로 승민처럼 말이다.

3. 사랑의 상승과 추락

좀 비판적으로 말하자면, 점점 사랑에 몰입하기 어려운 시대를 우리가 사는 게 아닌가 싶다. 그 대상이 사람이든 사물이든 오늘날의 우리들은 깊은 몰입을 방해받는다. 아니 그런 깊은 몰입을 어려워하는 게 아니라 싫어하는 것 같다. 사랑이 우리들에게 의미 있는 사건이 되는 이유는 깊은 몰입을 가능케 하기 때문이다. 그러나 이런 깊은 몰입이 환영받지 않는 시대가 도래 했다. 인스턴트 커피를 마시듯 사랑도 소비되고 조작되는 게 오늘날의 현실이다.

자 그건 그렇고, 건축학 개론 교수의 마지막 과제. 과제 주제는 '그곳에 살고 싶다'란다. 어딘 좀 다녀오라는 과제라 한다. 그래서 교외로 나간 승민과 서연, 철길을 걸으며 참으로 건전하게 논다. 그러다 서연 말한다. 오늘이 자기 생일이라고. 그래서 열게 된 두 청춘의 소박한 막걸리 파티. 막걸리 한잔씩 한 그들의 대화.

과거 서연 우리 10년 뒤에 뭐하고 있을까?
과거 승민 난 건축하고, 넌 피아노 치고 있겠지.
과거 서연 난 피아노 안 칠거야.
과거 승민 왜?
과거 서연 피아노 지긋지긋해. 재수없어,

제주도 학원 출신의 서연. 피아노는 지긋지긋하단다. 음대에서 왕따는 아니지만 은따인 듯. 서연, 10년 후의 자기를 상상한다. 라디오 디제이도 하고 돈도 많이 벌고 엄청 유명해 질거라고, 돈 많은 남자랑 결혼해서 이런데다 집짓고 살겠다고 한다. 그리고 한 마디 더하는 서연. "니가 지어줘. 공짜로". 그리고 종이를 꺼내 살고 싶은 집을 그리는 서연. 창도 많고 마당이 있는 2층 집이다. 애들은 둘 정도 날 거란다.

그런 서연을 바라보는 승민의 얼굴. 좋아 죽는다. 그리고 깊은 저녁이 드리운 버스 정류장. 버스를 기다리던 중 승민은 눈 감은 서연의 입술에 입을 맞춘다. 첫사랑과의 첫키스. 어리버리해 보이던 승민이 나름 도발을 감행했다. 이 때 눈 뜬 서연. 서연의 말이 가관이다. "나 오줌마려." 승민은 서연에게 몰입되었다가 안 되었다가 약간 당황스럽다.

서연의 "나 오줌마려"라는 멘트는 이들의 관계가 지속되기 어렵겠다는 예감을 갖게 한다. 무슨 말인가. 이렇게 상상해 보자. 승민이 잠든 서연에게 입을 맞춘다. 그리고 승민이 서연에게 고백한다. "나 너 좋아해, 아니 너 사랑해." 그러면 눈 뜬 서연 이렇게 반응할 수 있다. "나도 너 사랑해".

그런데 영화는 이렇게 이어지지 않는다. 승민이 몰래한 첫키스. 그에 대한 반응은 "나 오줌마려"였다. 이 상황을 승민은 이해할 수 없었다. 서연의 이 멘트를 어떻게 이해해야 하는 건지 승민은 난감했다. 그래서 승민이 헷갈리는 것이다. 서연에게 몰입하면 할수록 도대체 서연의 마음을 알 수 없는 것이다.

헌데 승민아, 원래 이런 거야. 너도 그렇지만 서연도 사랑의 아마추어인 게야. 눈 뜬 서연이 "나도 널 사랑해" 이렇게 하길 바란 거라면 이건 오산. 나 오줌마려 이게 오히려 서연답다는 것이다. 여자의 마음은 승민처럼 단순하지 않은 것이다.

물론 답답하겠지. 도대체 서연의 마음이 어떤지 알 수 없으니. 그런데 우리의 승민, 드디어 널 사랑한다고 고백하기로 한 것이다. 널 그냥 친구로 하기에는 내 마음이 내 가슴이 뭐라뭐라 하며 서연의 반지하방 가까이에서 고백 연습까지 한다. 그러나 그 고백은 이뤄지지 않는다. 건축학 개론 종강 파티 중 승민을 호출하는 서연. 서연은 승민을 호출하고 승민은 서연의 반지하방 인근에서 서연을 오매불망 기다린다. 승민은 건축학도답게 서연이가 살고 싶다는 그 집을 정성들여 모형으로 만들어왔다. 프로포즈의 상징이다.

그러던 중 술에 엄청 취한 서연이 드디어 도착하신 것이다. 어

그런데 혼자가 아니다. 여자 킬러로 유명한 그 잘나가는 압구정 선배가 서연을 부축하고 함께 온 것이다. 그리고 그 선배란 인간 술 취한 서연의 입술에 슬쩍 입을 맞추고 서연을 집 안으로 데리고 들어가는 거 아닌가. 이 광경을 본 승민, 이건 아닌데 싶은 마음에 자리를 뜬다. 바보 같은 승민. 서연이 자신이 아니라 학과 선배를 좋아한다고 오해하고 만 것이다. 그 오해를 사실로 받아들인 승민. 그 모형을 쓰레기 더미에 확 던진다.

순해 보이던 승민, 택시를 한 대 세우고 정릉 가자고 난리다. 택시 기사가 타지 말라 야단 이어도 택시문을 잡고 그냥 생채로 견디는 승민이다. 이러다가 승민, 결국 걸어 정릉까지 간다. 사랑의 감각이 바닥으로 추락하는 상황. 이런 불쌍한 승민. 그렇지만 어쩌겠는가. 사랑의 감각이 빠져 나간 그 서늘해진 마음. 그 마음에 감사해야 한다. 그 선배란 놈 때문에 승민의 마음 속에 적개심이 들끓어 올랐을까? 그래 승민은 이 순간 질투한 것이다.

사랑을 잃은 승민. 건축학 개론 강의가 가르쳐줄 수 없었던 괴로움과 질투, 배신의 감정을 진짜로 공부하게 되었다. 그러니 감사할 일이라는 것이다. 물론 그렇게 사랑의 감각이 썰물처럼 빠져 나가는 그 순간은 죽을 맛일 것이다. 그러나 바로 이제부터가 중요한 것이다. 사랑 그 이후의 시간이 중요한 것이다. 승민의 마음을 알게 된 서연, 승민을 찾는다. 그렇지만 서연에게 승민은 이렇게 말한다.

승민 이제 좀, 꺼져줄래?

이런. 천하의 범생이가 이런 격한 말을 다 하다니. 역시 승민은 사랑에 관한 한 아마추어다. 그러나 어쩌면 승민의 저 반응이 사랑에 관한 솔직한 반응일 수 있다. 서연이 싫은 게 아니라 초라해진 자신이 싫은 것이다. 그 꺼져달라는 이유를 말하지 않고 그냥 자리를 뜨는 승민.

그리고 드디어 첫눈이 온다. 첫눈이 오는 날 그들은 그들이 자주 찾은 정릉의 그 빈 집에서 만나기로 했던 것이다. 서연은 그 빈 집을 찾는다. 같은 시간 승민은 집에서 자리보전 중이다. 오지 않는 승민을 기다리던 서연. 전람회의 시디를 놓고 집을 나선다. 이제 이 집은 정말 사랑을 잃은 빈 집이 되었다. 이렇게 해서 승민의 첫사랑은 완성되지 않은 채 어정쩡하게 마무리된다.

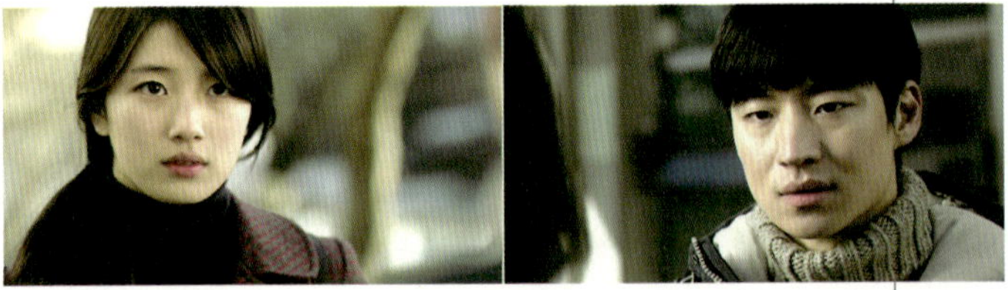

장면 4-4 헤어지는 과거의 서연과 승민

그리고 그 꺼져준 서연이 어른이 되어 나타난 것이다. 그리고는 승민에게 제주도의 자기 집 설계를 부탁하게 되는 것이다. 자 퍼즐을 맞춰보자. 서연은 그 때 승민이 버린 모델하우스 모형을 간직하고 있었다. 그리고 자신을 향한 승민의 마음을 알고 있었다. 그래서 이렇게 승민을 찾은 것이다. 다른 사람은 아니라는 것이다. 승민에게 맡기고 싶다는 것이다.

서연이 고쳐달라는 제주도 집을 둘러보고 횟집에 앉은 그들. 이날따라 서연의 술 마시는 속도가 빠르다. 서연은 점점 취해가고 승민은 이런 서연이 걱정스럽다. 그 자리에서 서연이 이렇게 말한다.

서연 매운탕. 이름 이상하지 않냐?
서연 아니, 알이 들어가면 알탕이고
서연 갈비가 들어가면 갈비탕인데 얜 그냥 매운탕
서연 탕인데 맵다.
서연 그게 끝이잖아. 안에 뭐가 들어가도 그냥 다 매운탕. 맘에 안들어.
승민 그럼 그냥 지리를 시킬 걸 그랬나?
서연 그냥 나 사는 게 매운탕 같아서.
서연 안에 뭐가 들었는지 모르겠고 그냥 맵기만 하네.

"나 사는 게 매운탕 같아서 안에 뭐가 들었는지 모르겠다"는 서연. 자신의 삶이 그저 맵기만 하다는 서연. 뭔가 신산한 일들을 겪은 듯하다. 한 때 자신의 몰입 대상이었던 여자의 입에서 나온 맵다는 말. 그 말을 듣는 승민의 표정이 멍하다. 아니 표정만 그런 게 아니라 마음도 멍해지는 듯하다.

서연은 이혼의 아픔도 아픔이지만 병환으로 입원한 아버지 걱정으로 마음이 허하다. 그리고 오랜 만에 해후한 첫사랑 승민. 이제 곧 결혼하고 미국으로 들어간단다. 승민에게 설계를 부탁한 서연, 승민에게 넥타이 선물을 하고 싶을 정도로 들떠 있었다. 아니 그런데 그게 아니었다. 승민이 이제 곧 결혼하실 몸이었다. 그리고 그 상대는 자기보다 한참 어린 은채. 뭔가 마음이 싱숭생숭.

이래서일까 서연은 자기가 사는 게 매운탕 같다고 토로한다. 매운탕 같은 삶이라. 매운탕 같은 삶이라. 승민은 서연의 민낯을 보게 된 것이다. 10년 전이었나 그 이전이었나. 라디오 디제이에, 아나운서에 돈 많이 버는 사람이 될 거라 한 서연. 2층 집 짓고 아이는 둘을 키울 거라 한 서연. 지금의 현실은? 그런데 서연만 그러할까. 그게 누구의 미래든 미래는 늘 배반의 형식으로 다가오는 법이다. 그럴 때 우리의 피곤한 민낯이 드러나는 것이다.

서연의 민낯을 보게 된 승민. 이 집을 자신이 완성해야겠다고 생각한다. 그리고 이제부터 서연의 집짓기는 단순한 공사가 아닌 두 사람의 사랑을 완성하는 제의로 격상된다.

4. 사랑 이후의 시간 혹은 사랑의 완성

영화의 시작 장면에서 빈 집처럼 보이던 서연의 제주도 집. 그 집이 서서히 완성되어 간다. 2층이 올라갔으며 1층 거실은 바다가 훤히 보였고 아빠의 소원인 피아노 방도 마련되었다. 서연이 언젠가 승민 앞에서 자랑했던 2층 집이 이렇게 완성되고 있다. 사랑은 이렇게도 완성된다. 사랑은 사랑의 감각이 교차하는 그 순간이 아니라 그 감각이 지나간 이후, 이런 방식으로도 완성된다. 서연의 제주도 집을 짓는데 몰입하는 승민. 그건 그대로 서연에게 몰입하는 것이다.

문제는 서연의 집이 완성되어 갈수록 서연과 승민의 기억들이 끊임없이, 선명하게 재생된다는 사실. 이게 문제다.

서연 허.. 이제 정말 끝이네. 다 끝났네.
승민 집 지은 소감이 어때?
서연 집 짓길 잘 한 거 같애. 음, 짓길 잘 한 거 같애.
승민 넌? 소감이 어때?
서연 뭐야? 별루야?
서연 너 옛날에 약속했었잖아? 나 집 지어준다고.. 기억 안 나?
서연 생각해보면
서연 그때가 참 좋았는데.. 니네 동네, 우리 같이 놀 던 빈 집 있었잖아? 그거 아직도 있어?
승민 없어졌어 아파트 들어섰어 거기
서연 말해봐? 너 그 때 왜 나한테 잘해줬었어?
승민 널 좋아했었으니까.
서연 고백이야? 오래도 걸렸네.
승민 알고 있었어?
서연 내가 바보냐? 그걸 몰랐을까? 너 나한테 키스도 했었잖아.
서연 나 자고 있을 때
서연 그거 내 첫 키스였는데..

서연의 제주도 집이 승민에 의해 완성되는 그 순간, 그들은 첫사랑의 상대가 바로 서로였다는 것을 인정한다. 이런 젠장, 이렇게 한참 시간이 지나고 나서야 서로의 감정을 확인하다니. 그러면 이제 어떻게 해야 하나? 승민은 결혼을 포기하고 이혼녀 서연의 품에 안겨야 하는 걸까? 서연 역시 그의 바짓가랑이를 붙잡고 나와 살자고 유혹해야 하는 걸까?

장면 4-5 서연의 제주도 집이 완공된 후 헤어지기 전의 승민과 서연

그런 건 아니다. 이미 그들의 사랑은 집짓기로 완성된 까닭이다. 그렇다면 더는 미련을 두지 말고 서연은 서연대로 승민은 승민대로 각자의 삶으로 복귀해야 한다. 그 삶을 서로 함께 이어갈 순 없는 것이다. 서연은 병 든 아버지를 모시고 제주도로 가야하고 승민은 은채와 함께 미국 유학길을 올라야 한다.

승민의 억척 노모. 그래 노모도 눈에 밟힌다. 노모의 그 오래된 집도 눈에 밟힌다. 이를 핑계로 유학 포기? 마음과 감정이야 왜 서로를 향하지 않겠는가? 이렇게 돌고돌아 사랑의 감정을 확인한 그들이 이별해야 한다는 게 왜 아쉽지 않겠는가? 막막하고 갑갑한 처지들이다.

그러나 결국 승민은 비행기에 몸을 싣는다. 아마 은채와 결혼을 한 듯 보인다. 그리고 서연은 제주도 집으로 노환의 아빠를 모셔온다. 이제 서로의 삶으로 들어갈 준비가 된 것이다. 그런데 승민, 한국을 떠나며 서연에게 무언가를 보내온다. 서연이가 정릉 빈 집에 놓고 온 전람회의 시디다.

그랬다. 승민은 첫 눈 오는 날 그 정릉의 빈 집으로 안 간 게 아니었다. 자식, 가려면 일찍 가지. 그러나 그 집에 서연은 없었고 서연이 놓고 간 전람회의 시디만 있었다. 이 전람회 시디는 대체 이 두 사람 사이를 몇 번이고 오고 가는 건지. 핑퐁처럼 오고가던 전람회 시디가 승민에게 온 것이다.

이게 아니었을 것이다. 승민이 바란 게. 그러나 어쩌나. 이제 서연은 정말 승민 곁을 떠나버리고 말았으니. 이 전람회 시디를 돌려줄 수도 없었던 것이다. 그러나 다시 서연을 만나고 서연의 집이 완성된 이상 승민은 그 시디를 돌려주기로 한 것이다. 승민은 최선을 다했다. 그러면 된 것이다. 더는 서연의 삶에 개입하면 안 되는 것이다. 그런 점에서 출국하며 전람회의 시디를 돌려준 건 사랑의 완성 이후에 이어진 완전한 결별의 상징 같기도 하다.

완성된 사랑은 더는 건드리지 않아야 지속되는 법이다. 만약 두 사람이 이런 저런 이유로 서로의 삶에 개입하게 되면 완성된 사랑은 또 다른 상처로 비화한다. 서연은 서연대로 제주도에서 승민은 승민대로 미국에서 고군분투할 일만 남았다.

그래 이것이다. 사랑 그 이후의 시간이 관건이다. 그 이후의 시간을 어떻게 대응하느냐에 따라 어긋난 사랑이 완성될 수 있다. 자 당신, 당신의 사랑은 지금 어떤 시간대에 위치해 있는가? 사랑 이전인가, 사랑 중인가, 사랑 이후인가. 사랑의 완성은 역설적이지만 사랑 이후에도 완성될 수도 있다. 바로 승민과 서연처럼 말이다. 인생도 길고 사랑도 길다. 긴 인생, 사랑을 완성시킬 순간과 계기는 부지불식간 당신을 방문할 것이다. 그 때 당신의 태도가 중요하다. 난 그렇게 생각한다.

제5장

이별의 빈 자리, 어른의 자리

「애자Goodbye Mom」, 웬수에서 어른으로

[감독] 정기훈
[출연] 김영애, 최강희
[장르] 드라마
[상영시간] 110분
[개봉일] 2009.09.09

1. 어머니와 딸, 그녀들의 '애'와 '증'

나의 소설 읽기 목록에서 박완서 소설이 차지하는 비중은 지금도 크다. 『나목』 이래 출간된 박완서의 숱한 소설들을 읽으며 나는 여성성과 모성 등 여성 심리의 복잡한 결을 어느 정도 알 수 있었다. 남성 독자였던 까닭일까. 한 때 나는 아버지와 아들의 관계를 다룬 작가의 소설들을 일부러 찾아 읽었다. 김주영의 『고기잡이는 갈대를 꺾지 않는다』, 『홍어』 그리고 김원일의 『노을』, 『마당깊은 집』 임철우의 「아버지의 땅」 등등을 읽던 기억이 지금도 새롭다. 이 소설들을 읽으며 아버지란 권위적 존재 뒤에 가려진 누추함과 비애를 약간은 알 수 있었다.

그런데 박완서 소설을 읽게 되면서 나는 그간 내가 알 수 없었던, 아니 굳이 알려 하지 않았던 어머니와 딸의 그 신산한 사연을 알게 되었다. 박완서의 「부처님 근처」의 한 대목이다.

> 그런데 우리는 사자를 삼킨 것이다. 은밀히, 음험하게. 어머니와 나는 교외의 조그만 집에 살았는데 나는 밥벌이를 다녀야 했다. 어둑어둑해지는 저녁나절 집에 돌아올 때, 앞서가는 젊은 남자의 뒤통수가 잘 생기고 근사했다고 치자. 그 무렵의 나는 그런 일로도 감미로운 기대로 가슴이 두근거릴 수 있는 나이였다. 그러나 나는 무서웠다. 앞서가는 사람이 행여 돌아다볼까 봐. 돌아다보는 그의 얼굴이 꼭 피투성이의 무너져 내린 살덩이일 것 같아 무서웠다. 나는 지독스러운 혐오감으로 몸을 떨며 온몸에 식은땀을 흘렸다.

아버지와 아들의 관계도 그렇지만 어머니와 딸의 관계는 '애'와 '증'이 두루 섞인 관계였다. 아니 고쳐 말하기로 하자. 어머니와 딸의 관계야말로 아버지와 아들이 따라갈 수 없는 애증 관계의 표본이다. 박완서 소설의 어머니와 딸은 더욱 그랬다. 박완서 소설에 등장하는 어머니와 딸은 물고 물리는 관계였다. 박완서 소설에는 가장의 역할을 떠맡게 된 딸이 더러 더러 등장한다.

그런데 대개 박완서 소설에서의 어머니는 아들을 주로 걱정하는 '아들의 엄마'였다. 딸의 눈에 어머니가 곱게 보일 리 없다. 딸이 어머니에게 섭섭할 수밖에 없다. 어머니는 밥벌이 전선에 나간 딸의 노고는 안중에 없고 아들을 항상 걱정한다. 심지어 노구의 몸을 딸에게 의탁하면서도 아들 걱정만 하는 것이다.

「부처님 근처」의 한 대목처럼 박완서는 어머니와 딸을 오빠를 죽음으로 내몬 은밀한 공범이라고 이야기한다. 그러면서도 작가는 딸의 시선에 비친 어머니를 밥벌이를 이유로 딸을 저 지옥 같은 세상으로 나가게 하고서는 오빠만 걱정하는 사람으로 묘사한다. 어머니와 딸의 이율배반적인 감정. 그리고 그들의 삶 속에서 이어지는 감정의 복마전.

이런 처지의 딸이지만 이 딸은 어머니와 화해하기를 고대한다. 여간해서는 풀기 어려운 두 사람 사이의 비틀어진 관계를 풀고 싶은 간절한 열망이 딸들에게 있었다. 박완서 소설의 딸들은 애와 증에서 증을 지우고 싶은 존재들이었다. 박완서 소설이 아니었다면 나는 어머니란 존재를 객관적으로 바라보기 어려웠을 것이다. 그나마 박완서 소설의 독자였기에 나는 이 세상의 어머니들을, 그리고 나의 어머니를 애증의 소유자로 이해할 수 있었다.

놀라운 건 박완서 소설이 재현하는 어머니와 딸의 애증 관계의 현실성이었다. 멀리서 찾을 필요가 없었다. 그 애증을 나는 내 어머니와 누이에게서 찾을 수 있었다. 어머니는 딸보다는 아들이 먼저였다. 딸도 그런 어머니가 분명 섭섭했을 것이다. 어머니가 딸을 후남이처럼 대한 건 아니었지만 아들을 귀남이 비슷하게 챙긴 건 사실이다.*

* 1992년 MBC에서 방송된 드라마 「아들과 딸」에 등장하는 주인공의 이름이 이후남(김희애)과 이귀남(최수종)이다. 후남과 귀남은 쌍둥이 남매이다. 후남은 엄마의 차별을 받지만 그 차별을 이기는 억척과 끈기의 딸로 등장한다.

그렇게 구식 스타일의 어머니가 아니었지만 어머니는 아들이 먼저였다.

그런 어머니가 지금은 아들보다 딸이 좋아 하신다. 딸이 없었다면 이 막막한 노년을 어떻게 견뎠을지 딸이 고맙다 하신다. 아들은 장가가더니 한 여자의 남자가 되었지만 딸은 오히려 어머니의 자식이 되어주었다는 것이다. 어머니의 논법에 따르면, 아들은 어머니를 배신했지만 오히려 기대하지 않은 딸이 자기를 챙긴다는 것이다.

인생의 시간과 사건이 교차하며 애와 증으로 직조된 어머니와 딸의 마음. 그리고 그 마음의 결. 이 결을 아들들이 알아야 할 것이다. 나는 그렇게 생각한다. 가족이라고 서로를 훤히 이해할 수 있는 건 아니다. 그렇게 생각한다면 오산이다. 특히 오냐오냐 키워진 아들들은 자기중심적으로 가족들에게 군림하거나 늙어가는 부모 후려쳐서 단물 빼먹을 개연성이 크다.

그건 비극이다. 그 비극을 사전에 방지하기 위해서라도 어머니와 딸의 애와 증을 헤아려야 한다. 그래야 아들들도 제대로 된 사람 노릇할 수 있을 것이기 때문이다.

2. 어머니와 딸, 둘도 없는 웬수

「애자」는 서로를 '웬수'로 여기는 어머니와 딸의 녹록치 않은 갈등과 화해를 다룬 영화다. 이렇게 말하고 보니 이 영화가 뻔한 상투적 영화일 듯하다. 그러나 「애자」란 영화, 뻔한 영화가 결코 아니다. 뻔한 건 「애자」가 아니라 바로 우리들의 인생과 일상이다.

매너리즘이란 말이 왜 등장했을까? 누군들 매너리즘의 노예가 되고 싶을까? 누군들 내 삶이 밍밍한 삶이 되기를 바랄까? 그런데 반복되는 인생과 일생은 무섭다. 그 반복되는 인생과 일상을 뒤흔들 변곡점이 없는 삶. 이게 바로 매너리즘의 삶이다.

중요한 건 반복되는 인생과 일상을 대하는 우리들의 태도. 그 태도가 진정 우리들의 인생을 상투적 인생이 되게 할지, 뜻 깊은 인생이 되게 할지 결정하는 까닭이다. 상투로 보이는 저 일상의 사건과 결별하려는 용기의 태도, 이 태도가 우리를 구원할 것이다.

「애자」는 바로 이 태도에 관한 영화다. 이 태도가 「애자」를 뻔한 영화에 머물지 않게 한다. '애자'란 이름 참으로 촌스럽다. 게다가 이 애자, 천방지축이다. 영화의 시작 장면에서 여고생으로 등장한 애자는 얌전과는 거리가 먼 말괄량이다. 치마 안에 추리닝을 입었다. 점심 식사는 아예 학교 옥상 난간에서 친구들과 집에서 각자 공수한 식재료로 잔치하듯 음식 판을 벌인다. 식사 후에는 담배 한 대 피는 건 물론이다. 아이들 말로 애자는 짱이다. 이 난간에서 담배 피다 걸린 애자. 선생이 "너 가스하는 거 아니냐"며 마구 때려도 빌지 않는다. 주눅 들지 않는 애자다.

장면 5-1 고등학교 시절의 애자

그런데 이런 애자에게도 타고난 소질이 있다. 타고난 글쓰기 실력이 애자에게 있었다. 학교에서는 짱으로 통하는 애자이지만 담임 선생의 배려로 백일장에 단골 출연하는 글쟁이가 애자였다. 막장 여고생처럼 보이는 애자이지만 작가 등단을 고대하는 글쟁이였다. 짱과 글쟁이의 감각. 이런 스타일의 여고생이 학교 규율을 범생이처럼 지킨다? 그건 예의가 아니다. 애자는 타고난 끼를 다스리지 못하는 여고생이다.

누구도 말리지 못하는 애자에게도 만만치 않은 적수가 있었다. 엄마였다. 그런데 애자는 오빠만 챙기는 엄마가 아주 불만이다. 엄마의 일터인 동물병원에 들른 애자. 엄마 영희는 수의사다. 그런데 엄마 영희가 병원에 없었다. 갑자기 뛰쳐나가는 애자. 엄마가 병원에 없는 이유를 알 게 된 것이다. 엄마가 공항에 나간 것이다. 오빠를 출국시킨다고 엄마가 자리를 비운 것이다. 그래서 이런 사단이 일어나고 만다.

민석 내만 이래 보내도 개얀캤나.
영희 사막에 떨거 봐도 우물파고 살 년인데 뭔 걱정이고.

애자 엄마!
애자 약속했제! 점마 유학 보내면 나도 보내준다고!
영희 니 유학가서 뭐하게?
애자 그라머 재수, 삼수해도 안되는 즈 똥멍청이는
유학 보내가 어따쓸라고!
영희 니 대학가는 데 뭔 문제 있나?
애자 그니까 내가 가야지!

애자도 오빠를 따라 한국을 뜰 기세다. 자기도 밖에 나가고 싶다는 것이다. 자기 머리가 더 좋으니 자기를 보내라고 엄마한테 어필하고 있다. 그런데 이 엄마 성격이 애자 못지않다. "지랄" 한 마디로 애자의 어필을 제압한다. 달래고 설득하는 엄마가 아니다. "지랄" 한 마디로 딸을 제압하는 엄마다. 엄마와 딸이 주고받는 말의 수위가 장난이 아니다.

그런데 이런 드센 엄마도 애자를 감당하는 게 마냥 쉬운 건 아니다. 세상을 온통 감당할 듯 하는 엄마이지만 애자는 쉬운 자식이 아니다. 말 그대로 애자가 웬수같다. 여고를 졸업하고 상경한 애자. 그 성격을 죽이지 못해 고삐리들과도 한 판 붙곤 한다. 보호자로 호출된 엄마의 눈에 애자가 당연히 웬수로 보일 수밖에.

그래, 이 정도면 자식이 자식이 아니라 웬수 같을 것이다. 과년한 처지에 변변한 직장은 없어, 경찰서로부터 호출이나 받게 하는 애자가 엄마라 한들 고와보일 리 없다. 그런데 주시할 장면이 있다. 엄마와 애자의 이 간단치 않은 애증이 시작된 사건이 있다. 이 사건이 애자에게

나 엄마에게나, 아니 특히 엄마에겐 지워지지 않는 상처다. 어쩌면 애자와 엄마의 다소 과장돼 보이는 괄괄한 성격은 이 상처에서 비롯된 행동 패턴일 수도 있다.

어떤 사건인가? 남편의 사망과 아들의 부상. 가족 나들이였을까. 엄마 영희가 운전하는 차에 가족이 모두 탔다. 남편은 그래도 기분이 좋은지 휘파람을 분다. 유독 뒷자리의 애자가 가만 앉아 있지 않았다. 이 엄마 영희 운전에 집중할 수 없었고 마침 중앙선을 침범한 맞은편 덤프트럭을 피할 수 없었다. 그래서 남편은 현장에서 즉사, 아들은 평생 다리를 전다. 아마 엄마 영희는 자기가 남편을 죽이고 아들을 다리 절게 한 죄인이라고 사는 내내 자신을 단죄했을 것이다.

엄마가 아들을 그리 챙겨주는 이유. 그 이유가 바로 여기에 있다. 다리 불구가 된 아들을 어떻게든 돕고 싶은 것이다.

장면 5-2 영희의 교통사고 트라우마

영희 취직해라.

애자 싫다.

영희 병원일도 싫다. 결혼도 안 한다. 그럼 뭐 먹꼬 살긴데!

애자 나한테 뭐 해 준 게 있다꼬. 이래라 저래라고.

영희 니한테 안 해 준 게 뭐 있는데?

애자 아부지 없는 삼십 년 스토리 구구절절 함 늘어나 보까?

영희 너거 아부지 없는 게 내 잘못이가!

애자 그람 누구 잘못인데!

영희 고마해라..

애자 왜 고만 하는데! 끝까지 해라!
민슥이는 유학이다 뭐다 늠치는 뒷바라지 받고 저래
보란 듯이 사는데.. 내는 뭐꼬!
내는 뭐냐고! 작년에 송정 땅 팔아가 민슥이 공장
차려준 거 내 모를 줄 아나!

이제는 알 듯 하다. 이 엄마 속이 검게 그을린 여자다. 남편 잃고 아들 불구되고 그래도 아득바득 살아온 여자다. 속이 편할 리 없다. 그런데 이 엄마, 참으로 속 깊은 여자다. 때마침 수의사 협회가 협회 차원에서 유기견 안락사를 수익 사업으로 채택하기 위해 수의사들의 의견을 취합하는 중이었다. 그런데 영희는 유기견 안락사에 반대하는 소신의 수의사. 수의사 협회에서는 유기견 안락사에 협조하자고 하지만 영희는 그 돈 몇 푼 받자고 유기견들을 죽일 수 없다고 단호하게 반대한다.

여기서 영희의 한 소신하는 성격이 그대로 나온다. 영희에게 이런 일도 있었다. 어느 양계장에서 닭들이 죽어가는 괴이한 사건이 벌어졌다. 아무도 양계장 안으로 들어가려고 하지 않는다. 혼자 들어가 이거저거 살피다가 나온 영희. 닭들이 왜 죽어 가는지 알아냈다. 사료가 문제였다. 양계장 주인이 닭 사료에 엉뚱한 걸 섞여 먹인 것이다.

이를 확인한 영희, 양계장 주인에게 일갈한다. 닭들이 돼지냐며 이런 걸 어떻게 먹이냐고 말이다.

장면 5-3 양계장에서 닭을 살피는 영희

이 일만이 아니다. 영희가 병원에 입원한 사이 수의사 협회에서 총회를 열어 유기견 안락사 안건을 처리 중이다. 이를 뒤늦게 알고 회의장으로 달려온 영희. 소리친다. 이게 뭐하는 거냐고. 영희, 아닌 건 아니라고 말하는 확실한 성격이다. 돈도 중요하지만 정도를 걸어야 한다는 게 영희의 소신이다. 그리고 이 소신을 꺾지 않는다. 심지가 굳은 엄마였다.

그래서 영희는 자신의 병원에 버려진 유기견들을 죽이지 않고 그냥 두고 돌본다. 세상에 둘도 없는 구두쇠로 불리는 영희이지만 궁색한 방식으로 돈 벌 생각은 없는 것이다. 버려진 유기견들이 불쌍한 영희. 그녀는 어쩌면 자기 주변의 여리고 약하고 사소한 것들을 지키고 챙기는 삶은 따뜻한 모성처럼 보인다. 그 지워지지 않는 상처에도 불구하고, 아닌 건 아니라 하며 자신의 삶에 당당하게 마주하는 주인공이 바로 영희라는 엄마다.

3. 회피하지 말라, 삶의 변곡점을

딸 애자와 엄마 영희의 관계를 결정적으로 변모시키는 계기가 찾아온다. 아니 엄마에 대한 애자의 태도가 결정적으로 변하는 사건이 드디어 찾아온다. 그러나 어디 애자와 영희만 그러할까. 누구에게든 서로의 관계를 극적으로 변모시키는 계기와 사건들은 우연으로든 필연으로든 찾아온다.

문제는 그렇게 찾아온 계기와 사건들에 대한 우리들의 태도이다. 그 계기와 사건을 외면하는 이도 있겠고 심지어는 왜곡하는 이도 있겠다. 그러나 그 계기와 사건을 회피하지 않고 받아들이는 태도. 이게 관건이다. 나의 삶을 질적으로 변화시키는 계기와 사건. 이를 외면하지 않고 정직하게 받아들이는 태도, 이게 진정한 힐링의 관건이다.

애자가 그렇다. 애자는 자신과 엄마와의 관계 그리고 삶에 대한 자신의 태도를 변화시킬 어떤 예기치 않은 계기와 사건에 마주서게 된다. 바로 엄마의 투병이다. 엄마의 병이 재발한 것이다. 그런데 이번에는 예전과 같은 상황이 아니다. 병원 몇 번 출입하면 낳게 될 그럴 상황이 아니다. 엄마를 간병해야 할 일이 온전히 애자의 몫으로 돌아온다. 오빠는 되지도 않는 공장 일로 분주하고 누구하나 엄마를 간병할 처지가 아니다.

아니 이 아들, 가만히 보니 마마보이다. 심성이 착해 보이긴 하지만 스스로 자기 앞가림 하는 아들은 아니다. 좀 심하게 말하자면, 엄마 영희가 평생 짊어질 혹이다. 엄마 영희가 애지중지 모은 돈은 대개 이 아들 뒷바라지 목적으로 지출되는 것 같다. 그렇지 않아도 아들에게 미안한 엄마 영희. 아들이 도와달라는 부탁이 들어오면 딱 거절하지 못한다. 애자에 대한 반응과는 다르다. 이러니 애자는 마음이 꼬일 수밖에. 엄마는 오빠만 챙긴다는 것이다. 그러나 어찌하겠나 싫든 좋든 애자가 엄마를 감당해야 할 상황이다.

부산에서 짱으로 날린 애자. 그 애자 서울 와서는 어떤가? 그 짱이 서울에서도 통할까? 애자는 자신의 성격을 죽이지 못해 한 가닥 하곤 하지만 실제로는 무척 외로워 보인다. 바람둥이 남친, 적지 않은 빚. 서울에서 애자, 작가 등단의 꿈을 나름 키우며 고군분투하지만 등단이 호락호락한 게 아니다.

어렵사리 작가로 등단할 기회가 찾아오긴 했는데 제동이 걸린다. 모 신문사에 투고한 작품이 이미 과거에 백일장에서 상을 받은 작품이라는 이유로 제동이 걸린다. 홀로 상경한 애자가 서울 중심의 문단에 진입하는 게 쉬운 게 아니다. 세상일이라는 게 애자 뜻대로 되는 게 아니다. 다 상대가 있고 대상이 있다.

그런데 애자의 상대 고약하다. 애자의 투고작을 표절로 몰아붙인 신문사 고참. 은근한 거래를 제안한다. 묵힌 원고를 꺼내더니 애자에게 전하며 니 문체로 싹 고쳐보라고 제안한다. 이런 망할 인간. 화난 얼굴로 신문사를 나온 애자. 문제는 엄마의 병원비. 오빠란 인간, 그 병원비 마련할 능력이 없다. 애자, 고민 고민하다 이 제안을 받아들인다. 그리고 병실에서 엄마를 간병하며 노트북 켜고 작업 들어간다.

본격적으로 시작된 간병. 간병이란 게 완전 중노동이다. 노동 중에도 이런 노동이 없다. 아무리 효자라 해도 부모 간병을 즐겁게 감수할 효자 없다. 피 말리는 일이다. 간병하는 자식의 몸도 마음도 멍들어간다. 나도 그랬다. 폐암으로 시한부 삶을 선고받은 부친을 간병하던 나는 비로소 인생의 '고'(苦)를 알게 되었다. 애자는 어떤가? 애자는 간병 중에도 엄마와 아웅다웅이다.

장면 5-4 엄마 영희를 간병하는 애자

괄괄한 애자가 괄괄한 엄마를 간병한다? 이건 그 자체로 전투다. 엄마의 식단을 차려주고 엄마의 몸 상태를 하루하루 체크하는 게 고역이다. 괜히 짜증도 내고 엄마 알아서 하라고 큰소리도 치고 있는 말 없는 말 다하는 애자다. 그러면서도 애자의 간병은 지속된다. 이 두 사람 간병과 투병을 의사의 지침대로 하는 게 아니다. 때로는 그 지침을 보란듯 위배하곤 한다. 둘이서 병원을 나가 먹지 말라는 회도 드시고 소주도 한 잔 하시고 이런다.

그런데 이 딸과 엄마 그렇게 아옹다옹하면서도 서로의 마음을 알아간다. 애자는 엄마를 그냥 보내기 싫은 것이다. 애자, 엄마를 간병하는 게 수월치 않지만 그냥 보내기 싫은 것이다. 붙잡고 싶은 것이다. 엄마의 소원을 들어주고 싶은 것이다. 엄마가 눈을 감기 전 결혼도 하고 작가로 등단하고 싶은 것이다. 하지만 애자의 현실은 꼬일대로 꼬였다. 엄마의 간청으로 부산까지 오게 된 남친. 겉보기는 멀쩡하다. 영희는 애자의 남친이 예뻐 죽을라한다. 천방지축 딸이 결혼할 생각을 하니 기분이 마냥 좋은 것이다.

이러는 사이 위기가 닥친다. 죽어가는 엄마의 병실을 찾은 아들. 한 번 더 도와달라고 간청한다. 회사가 망할 수 있다는 것이다. 아들이 병실을 다녀가고 난 후 엄마 영희 퇴원을 서두른다. 영희 왜 이럴까? 그 놈의 아들 때문이다. 아들이 그렇게 다녀가고 나니 병원에 있을 수 없었다. 퇴원해서 돈을 만들어주든 뭐든 어떻게 해보려는 것이다.

퇴원을 서두르는 엄마 영희를 달랜다고 꺼낸 애자의 멘트. 나 결혼하는 거 봐야 하지 않냐는 것이다. 그러니 엄마 영희, 퇴원을 더는 고집부리지 않는다. 기차에 오른 애자. 아마도 남친을 만나러 가는 것 같다. 결혼하자는 말을 하러 상경하는 것 같다. 그런데 이게 뭐람. 남친 녀석이 자신의 둘도 없는 고등학교 친구와 함께 있는 것 아닌가. 둘이 뭔 수작이 있었던 것이다. 애자, 이 장면을 보고 징징대거나 냅다 소리 지르지 않는다. 한 마디 없이 현장을 뜬다. 역시 애자답다.

애자의 속이 편할 리 없다. 아니 편한 게 뭔가. 배신도 이런 배신이 없는 게 아닌가. 애자는 그 남친보다 자기를 등친 친구가 더 미울 것이다. 오랜만에 귀국한 친구였다. 출국 전까지 실컷 놀다가겠다는 친구였다. 그런데 하필이면 애자의 남친과 놀다니. 죽어가는 엄마 기쁘게 해 주려고 남친 보러 온 애자다. 너 나랑 결혼하자 이렇게 말하려고 먼 길을 달려온 애자였다. 그런데 그 녀석이 바람을 피우고 있었다. 엄마를 기쁘게 할 애자의 카드가 이젠 없다.

4. 엄마, 안녕

다시 부산으로 온 애자. 겉으론 담담하다. 엄마도 대충 이 사정을 눈치 챈다. 사실 엄마도 애자 몰래 이 녀석을 볼까 싶어 서울을 다녀왔다. 남몰래 직장에서 애자의 남친을 지켜본 영희. 그런데 이때도 녀석 곁에 여자가 치근거린다. 엄마의 직감은 날카롭다. 저건 아닌데 싶었던 것이다. 엄마도 더는 애자에게 나 죽기 전에 결혼해라 마라 요구하지 않는다. 엄마도 홀로 살아갈 애자가 짠한 것이다. 그런데 이게 웬일인가 애자 잠시 서울을 다녀오는 사이 엄마가 병원을 비웠다.

열 받은 애자. 엄마를 찾는다. 엄마가 어디로 간 줄 아는 애자. 엄마가 수시로 찾는 사찰이 있다. 엄마 영희에게는 시어머니, 애자에게는 할머니가 칩거하는 사찰이다. 이 어른은 아들이 교통사고로 세상을 뜨자 머리를 깎고 사찰에 눌러 앉아버렸다. 아마도 엄마 영희, 마지막이 될 인사를 하러 온 듯하다. 시어머니를 뵙고 나온 엄마 영희. 대웅전 부처님께 허리 굽혀 인사 올리고 마당으로 내려온다. 화난 영희가 엄마를 드디어 찾았다. 그 엄마에게 다가간 영희 이렇게 말한다.

애자 엄마 지금 미쳤나!
영희 조용히 안하나! 여기가 어데라고...
애자 지금 나랑 정 뗄라고 그라나?
영희 나랑 뗄 정이 있기나 했나.. 고마 가자. 피곤하다.
애자 병원.. 정리 했다.
영희 니 지금 뭐라켔나
애자 병원 정리 했다고..
영희 다시 한 번 씨부려 봐라. 뭐? 병원을 으째?
애자 뭐 그리 놀라는데? 내가 그저 팔아가 도박을 한다켔나 뭐..
영희 니 지금 민석이 일이 어찌 돌아가는지 아나!
애자 엄마 가고나면 그게 다 무슨 소용인데!
영희 시끄랍고. 향 꺾고 절 안 할라믄 당장 원상 복구 시키라이!
애자 엄마는 억울하지도 않나!
이래 암 것도 못해보고 세상 등지면 억울하지도 않냐고!
영희 내 하고 싶은 것 다 해봤고 살만큼 살았다.
애자 와 자꾸 거짓말 하는데! 엄마 살고 싶지!

민숙이 애 낳는 것도 보고,
내 시집가는 것도 보고, 그래 쪼매라도 더 살고 싶잖아!
내 그거 모를 줄 아나!

영희 그래! 이년아. 내도 살고 싶다.
팔다리 다 떼 가도 좋으니 미치도록 살고 싶다고!

애자 그럼 왜 그러는데! 대체 왜 그러는데..
엄마야.. 수술 받고 우리 딱 1년만 같이 살자.. 응?
수술 안 받으면 석 달도 힘들단다..

장면 5-5 엄마 영희에게 수술하자고 간청하는 애자

죽어가면서까지 시어머니를 찾고 아들을 걱정하는 엄마가 애자는 불쌍하다. 그래서 "이리 살면 억울하지 않냐"고 울며 따진다. 이 "억울하지 않냐"는 애자의 말. 이건 애자의 말이기도 하지만 엄마 영희의 마음이기도 하다. 이 엄마 사실 억울할 게다. 이렇게 죽고 싶지는 않을 것이다. 애자는 애자의 말을 한 게 아니라 엄마의 마음을 말한 것이다.

그리고 엄마 앞에서 무릎을 꺾고 우는 애자. 엄마에게 수술 받자고 간청하는 애자. 수술 받고 우리 일 년 만 같이 살자는 애자. 엄마 영희, 애자의 머리를 쓰다듬으며 묻는다. 너 힘들지 않느냐고. 애자, 힘들다고 한다. 힘들어 미치겠다고 한다. 그렇지만 나 하나 힘들다고 엄마 보낼 수 없다는 진심. 그 진심을 애자, 울며 말한다.

애자의 소망대로 수술대로 오른 영희. 그러나 수술이 중도에 멈추고 만다. 더는 손 쓸 수 없는 지경이다. 병원 옥상, 엄마 영희의 절친인 의사 선생님이 애자에게 몰핀으로 보이는 약을 준다. 심장에 무리가 오니 너무 많이 맞히지는 말라는 충고와 함께. 엄마의 죽음은 이제 현실로 다가오고 있다.

마지막으로 엄마 영희가 함께 사찰을 찾은 애자. 예전처럼 장난스럽지 않다. 먼저 합장을 하는 등 자세가 훨씬 차분해 보인다. 아픔을 알게 된 애자, 많이도 진중해졌다. 그런데 시어머니 금산사로 입도수행 갔다 한다. 사찰에 모신 남편의 위패를 정성스럽게 거두는 영희. 세상과의 작별을 준비 중이다.

애자의 차에 오른 영희. 피곤한지 눈을 감는다. 그런 엄마를 걱정스레 보는 애자, 수심이 가득한 얼굴이다. 자꾸 엄마에게 말을 건다. 엄마 영희는 몸과 마음이 힘든지 얼른 집에 가자고 한다. 그런데 애자의 이 한 마디에 엄마 영희 반응한다. “우리 할매보러 갈거나.” 영희 눈을 뜬다. “언제?” 그래서 금산사로 향하는 모녀.

금산사 가는 길은 고통의 순례다. 엄마 영희, 거의 초주검이 되어간다. 아 그렇지만 세상은 왜 이리 아름다운가. 하얀 빛의 벚꽃이 세상을 물들였다. 그 벚꽃 사이를 달리는 애자의 차. 엄마 영희는 죽어 가는데 벚꽃은 이토록 아름다운 것이다. 엄마 영희 입에서 참 곱다란 감탄이 나오리만큼 세상은 곱고 또 곱다.

그래, 이런 것이다. 이게 삶의 아이러니다. 엄마 영희는 죽어가지만 때가 되니 벚꽃은 피는 것이다. 차 안에서 몰핀을 스스로 주사하는 엄마 영희. 차 밖을 나와 산 저 아래를 바라보는 애자. 두 사람 마음을 오고갈 말로 표현하기 어려운 감정들. 다가오고 있다. 작별의 시간이.

너무도 고통스러워하는 엄마 영희. 애자, 더는 운전하기 어렵다고 판단하다. 마침 산장 표지판이 눈에 들어온다. 그래서 이 두 사람, 이 산장에 일박하게 된다. 산장의 부엌이다. 영희, 남편의 위패를 한두 번 손으로 쓰다듬더니 불이 피워진 아궁이로 던진다. 그리고 이어지는 모녀의 저녁식사와 목욕. 하나하나가 이별의 제의다.

밤이 깊었나 싶다. 온 몸을 죄는 고통으로 눈을 붙일 수 없는 엄마 영희. 몰핀으로 그 고통을 감당한다. 그러나 새벽인가 다시 일어나 자신의 팔에 몰핀을 주사하는 엄마 영희. 등을 돌린 애자, 그렇지만 엄마가 뭘 하는지 안다. 등 돌린 애자를 지친 표정으로 물끄러미 보는 영희. 그래 이것이다. 영희가 살고 싶어 이런 게 아니다. 천방지축 저 딸 불쌍해 이런 것이다. 1년만 더 같이 살자는 딸의 소원을 들어준다고 이러는 것이다.

그런데 애자가 말린다. 일어나 엄마 팔을 붙잡는다. 주사하지 말라는 것이다. 그러니 영희 이렇게 말한다. “보내도.” 눈물범벅이 된 애자. 고개를 끄덕인다. 애자가 엄마와의 작별을 받아들인 것이다. 이렇게 몰핀으로 하루하루 연명하느니 엄마 보내드리자고 받아들이게 된 것이다. 흐느끼는 애자. 둘 이제 마지막이 될 순간을 맞이하고 있다. 그리고 그 순간이 드디어 왔다.

이 이별의 순간은 누구에게든 온다. 영희가 딸과 이별하는 이 장면. 이 장면을 보고 있으려니 작고 직전의 아버지가 떠올랐다. 휠체어에 앉은 아버지. 초등학교 운동장이 내려다보이는 창가였다. 아이들이 운동장을 뛰어다니고 있었다. 조례 준비 중이었나 보다. “아름답구나 저 모습 참으로 아름답구나.” 암으로 죽어가던 아버지의 눈에 초등학교의 풍경은 세상에 둘도 없는 아름다운 풍경으로 보였던 것이다.

그리고 현실로 다가온 아버지의 죽음과 부재. 그 죽음과 부재의 시간이 길어지는 동안 비로소 나는 아버지를 이해하게 되었고 화해할 수 있었다. 왜 이런 이해와 화해는 죽음과 부재가 현실화되어서야 도래하는지.

자, 엄마의 부재. 그 부재의 자리. 이제 애자는 예전처럼 다툴 엄마가 없다. 그 자리는 침묵의 자리이다. “애자 이년” 이렇게 말할 엄마가, 애자의 결혼과 작가 등단을 지켜봐줄 엄마가 더는 존재하지 않는다. 그 부재의 자리에 엄마 영희가 환상의 형식으로 등장한다. 그 엄마, 애자에게 묻는다. “밥은 먹었냐고?” 아, 이 말의 울림 참으로 정겹다. 밥은 먹었냐는 이 말.

애자에게 엄마의 부재는 마음의 아픔으로만 다가오지는 않는다. 엄마는 애자의 몸속에서 부활했다. 엄마는 죽어가면서 애자에게 부활한 것이다. 엄마의 빈 자리는 커 보이지만 애자, 그 자리를 자신의 삶으로 채워갈 수 있게 된 것이다. 그래서 애자는 거래가 아닌 자신의 이야기로 작가로 등단했고 책들도 제법 팔린다. 그리고 세상을 뜬 엄마를 대신해 아기 조카를 만나는 경사를 맞이하기도 한다.

어떻게 이런 일이 가능할까? 특히 어떻게 애자가 작가 등단을 할 수 있었을까? 엄마의 투병을 계기로 애자가 본격적으로 엄마를 이해하게 되었고 그렇게 이해가 되니 엄마를 보내줄 수 있었다. 어디 그뿐인가. 애자, 엄마를 이해하고 보내며 비로소 자기의 이야기를 할 줄 아는 작가가 될 수 있었다. 애자의 엄마 간병은 엄마를 이해하는 사건이자 삶에 대한 자신의 태도를 새롭게 하는 계기였다. 그래서 엄마를 저 먼 세상으로 보내주기로 결심한 그 순간, 애자는 진짜 어른이 된 것이다.

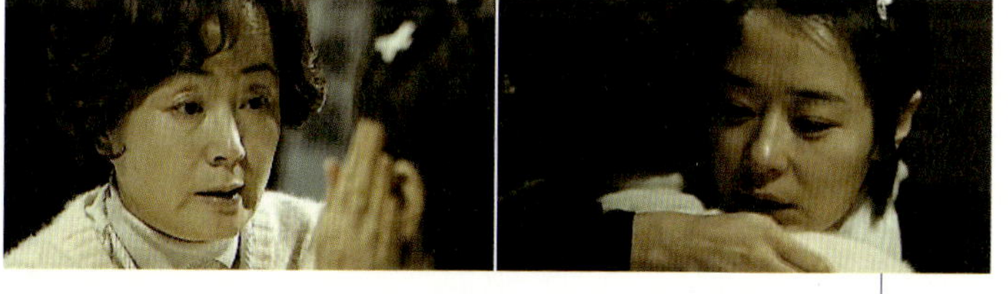

장면 5-6 애자에게 나타난 엄마 영희

진짜 어른이 된다는 건 홀로 서는 것을 뜻한다. 부모와 분리되지 않은 자식은 평생을 마마보이로 살아가는 것이다. 힐링 힐링 하지

마라. 힐링을 말하기 전에 애증으로 엮인 부모를 더 이해키로 하자. 그리고 그 이해와 함께 부모와의 관계 속에 켜처럼 쌓인 서로간의 상처와 아픔의 결들을 하나하나 청산하기로 하자.

삶이라는 것. 그거 부모가 살아주는 게 아니다. 그건 철저히 내 몫이다. 그러니 그게 누구든 부모와 분리된 나로 살아가야 한다. 그렇기에 내 몸과 마음 안으로 들어온 부모의 한숨과 안타까움과 기대와 욕망을 하나하나 살피고 치유하고 청산해야 한다. 이게 어른이 되는 관건이다. 이런 점에서 애자는 이제 진짜 어른으로 성장하고 있다.

엄마가 죽은 이상 더는 애자는 아웅다웅할 사람이 없다. 엄마가 있어서 아웅다웅할 수 있었던 애자다. 그 아웅다웅도 사랑이고 정이다. 애자, 엄마가 없으니 이제 아웅다웅할 일도 없다. 아마 앞으로는 아웅다웅하는 애자가 아니라 고독해질 애자일 것이다. 이렇게 엄마 영희의 빈자리는 애자에게 고독의 자리로 다가올 것이다.

부모와의 분리에서 오는 이 고독이 성장의 조건이다. 그리고 이 고독이 애자를 진짜 어른으로 만들어줄 것이다. 엄마 영희는 더는 존재하지 않지만 죽은 게 아니다. 엄마는 애자의 몸과 마음속에서 그리움으로 목소리로 체취로 되살아 날것이다. 진짜 어른이 된 애자. 그 애자의 앞날에 큰 축복 있기를 바란다.

제6장

가족, 피가 아니라 의리

「고령화 가족Boomerang Family」, 이게 진짜 가족

[감독] 송해성
[출연] 박해일, 윤제문, 공효진, 윤여정, 진지희
[장르] 드라마 | 가족
[상영시간] 113분
[개봉일] 2013.05.09

1. 여기 유별난 가족을 보라

작가 이만교 왈 '결혼은 미친 짓'이다. 그렇지만 그 미친 짓은 지금도 이어지고 있다. 아마도 그 미친 짓은 인류가 지구상에 존재하는 한 앞으로도 이어질 것이다. 이렇게 말하는 나 역시 이미 미친 짓을 저지른 사람이니 결혼은 피할 수 없는 숙명 같긴 하다. 그런데 그 대상자가 미치던 미치지 않던 결혼하려는 이들이 여전한 세상이니 가족 역시 유구히 존재할 것 같다. 가족을 둘러싼 여러 알라바이가 있다. 특히 억압의 기원이니 상처의 기원이니 하며 가족의 폐해를 짚는 알리바이가 적지 않다.

아니 더 극단적으로 가족을 절대악의 기원처럼 주장하는 이들도 있다. 제도로서의 가족을 더는 두고 볼 수 없다는 주장도 심심치 않게 나온다. 아주 무시할 주장은 아니다. 그런데 그런 주장보다 우리를 압도하는 건 현실로서 우리 눈앞에 존재하는 가족이다. 바로 이 대목이다. 내가 말하고 싶은 건 현실로서의 가족이다. 눈앞에 존재하는 이 가족이란 실체. 이 가족이 바로 우리들 화두의 출발이다.

당신에게 가족은 무엇인가? 한 남자와 한 여자가 만났다. 인연으로 만난 그들이 자식을 낳고 키운다. 그들의 자식이었던 우리들도 누군가를 만나 누군가의 부모로 변신을 거듭해 왔다. 그래, 가족 안에서 우리들은 항상 좋았을까? 아니면 반대로 항상 좋지 않았을까? 그렇지는 않았을 것이다. 최고다 싶은 날도 있었겠지만 뭐 이런 일이 다 있나 싶은 날도 있었을 게다.

나만 이런 감정의 기복을 겪지는 않았을 것이다. 그래, 뭐 이 정도면 된 거지 싶은 날도 있었지만 아 정말 이건 아닌데 싶은 날도 있었다. 이런 감정의 기복을 몇 차례 겪다보니 진정으로 가족을 이해하고 싶었다. 이론으로서의 가족이 아니라 삶으로서의 가족을 이해하고 싶었다. 중요한 건 이론이 아니라 우리가 살아야 할 삶인 까닭이다. 삶으로서의 가족이 나에게 중요하다는 말이며, 가족들에게 혹은 가족들로부터 상처를 주거나 받고 싶지 않다는 것이다.

아니 나만 그럴 거 같지는 않다. 어쩌면 당신도 바라고 있을 것이다. 이젠 더는 가족과 감정의 소모전을 벌이고 싶지 않기를 말이다. 삶으로서의 가족. 그 가족 안에서 더는 상처 받지 않고 행복을 만끽하고 싶은 소망이 우리 모두에게 있을 것이다. 그러나 그 소망, 사실 간단한 게 아니다. 백이면 백 성취하기가 난망이다. 그러면 짐짓 포기해야 할 소망인가. 그렇지 않다. 이 소망이 성취하기 쉽지 않다는 이유로 그저 포기할 일은 아니다.

감정의 소모전은 가족이 늘어나면서 상대적으로 더 확대된다. 아내와의 소모전이 자식으로까지 확대된다. 누구나 처음, 아니 대개는 처음 해보는 결혼이다. 결혼을 하다 보니 의당 그래야 하는 것처럼 자식을 낳게 되고 그 자식이 점점 성장하니 뜻대로 되는 게 별로 없다. 특히 부모 역할이 그렇다. 자식 앞에서 본분 잃는 부모가 한둘이 아니다. 뜻대로 안 되니 열 받아하고 그러다 험악한 소리 지르는 부모가 어디 한 둘인가. 그러다보면 참 별별 사건이 벌어진다. 죽인다 살린다 난리가 날 수도 있다. 오해가 오해를 낳고 사건이 사건을 낳을 수도 있다. 그런데 바로 이런 우여곡절의 사건들이 부모를 진짜 부모로 만드는 계기 같다.

여기 유별난 가족이 있다. 서로 얼굴만 보면 말의 비수를 날린다. 이 가족들 입에서 나오는 한 마디 한 마디가 비수 저리 가라다. 날카롭기가 칼과 창에 비할 비가 아니다. 어떤 경우는 욕이 실시간으로 나온다. 보아하니 아버지는 없는 가족이다. 엄마와 다 큰 자식들이 가족의 전부다. 완전 콩가루 가족 같다. 와, 저 가족 정말 대책 없어 보인다. 하루하루가 전쟁 같고 하루하루가 난리판이다.

그런데 이 가족, 놀랍다. 누가 뭐라 하면 이 가족 가만 있지 않는다. 똘똘 뭉친다. 서로 죽일 듯 하다가도 가족 아닌 누가 뭐라하면 다들 달려든다. 보통 가족이 아니다. 그런데 이 가족 중에 눈에 확 와 닿는 인물이 있다. 바로 어머니다. 이 가족이 콩가루 가족이 아닌 이유, 아니 콩가루 가족이 결코 될 수 없는 이유. 그 이유가 바로 어머니에게 있다. 어머니가 이 자식들의 진짜 어머니로 존재하는 까닭이다.

난 이 어머니에게서 배우고 또 배웠다. 뭘 배웠냐고? 자식들은 저러면서 크는 거지 하는 적당한 체념과 확 열 받을 때는 입을 닫고 먹일 때는 제대로 먹이는 게 진짜 부모 역할이란 걸 배웠다. 그 역할이 '나'를, '나의 가족'을, '가족의 나'를 힐링시키고 구원시킬 동력이라는 걸 배웠다.

2. 먹이고 또 먹이고

이 영화의 원작은 천명관의 「고령화 가족」이다. 원작소설과 영화의 내용이 적지 않게 다르다. 그래도 중요한 대목은 일치한다. 그건 바로 가족은 피가 아니라 의리라는 것이다. 의리가 가족의 요체라는 것이다. 자 그러면 가족의 의리, 이제부터 이 이야기를 해보기로 하자.

이 영화의 시작 장면, 참으로 볼 만하다. 한강변에서 웬 인간들이 다투고 난리가 아니다. 아주 가관이다. 수컷들의 전쟁이다. 아니 수컷들의 개싸움이다. 한 인간이 한 인간을 죽을 만치 패며 이렇게 말한다. "마누라 관리나 잘해 새꺄." 죽을 듯 엎어진 한 인간이 기어가며 이렇게 받아친다. "거기 서봐 씨발" 어떤 장면인지 대충 감이 잡힌다. 마누라를 두고 일어난 수컷들의 싸움이었다. 아마 마누라께서 바람을 피운 듯하다. 기어가던 한 인간, 기어코 일어나서는 벽돌로 앞서가던 이의 머리를 찍는다. 전세 역전이다. 대낮의 개싸움이다. 도대체 이 남자 누군가? 벽돌로 자기 분노를 표현한 이 남자 말이다.

그리고 이어 장면 전환. 부엌에서 노모 한 분이 요리 중이다. 패티 김의 「초우」를 부르면서 말이다. 여기서 잠시 「초우」의 가사를 확인해야겠다.

> 가슴 속에 스며드는 고독이 몸부림칠 때
> 갈길없는 나그네의 꿈은 사라져 비에 젖어 우네
> 너무나 사랑했기에 너무나 사랑했기에
> 마음의 상처 잊을 길 없어 빗소리도 흐느끼네
> 너무나 사랑했기에 너무나 사랑했기에
> 마음의 상처 잊을 길 없어 빗소리도 흐느끼네

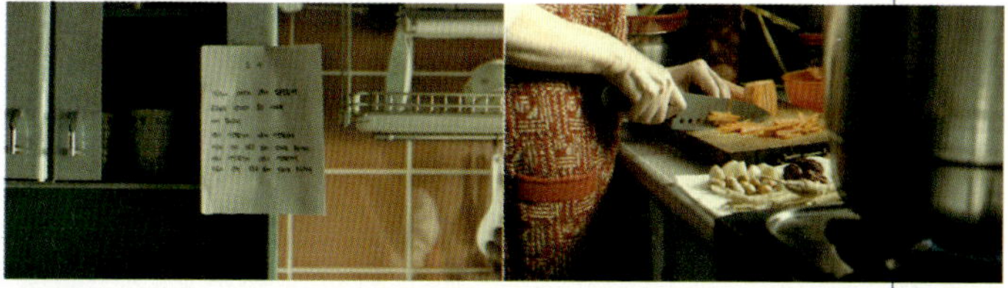

장면 6-1 닭죽 요리를 하는 엄마

그런데 이 노모, 영 이 노래 가사가 외워지지 않는가보다. 부르다 그치고 부르다 그치고 그러고 있다. 나이를 속일 수 없는가 보다. 그래도 겨우 가사를 기억하는 이 노모는 누군가에게 먹일 삼계탕을 요리 중이시다. 초우와 삼계탕의 이 부조화. 고독이 몸부림칠 때 만드는 게 삼계탕은 아니지 않는가. 이 노모, 초우의 가사를 제대로 외우지는 못하지만 삼계탕 만드는 법은 무난히 기억하고 있다. 노모는 궁색한 연립주택의 좁은 부엌에서 작품을 탄생 중이시다.

다시 장면 전환. 옥탑방이 보인다. 집주인으로 보이는 한 여자가 옥탑방 방문을 두들긴다. 그리고 이렇게 외친다. "문 안 열꺼야 진짜!" 옥탑방 내부는 사람 사는 집처럼 보이지 않는다. 쓰레기가 나뒹굴고 완전 폐허 같다. 그런데 그 옥탑방에 벽돌 들고 난리치던 그 인간이 누워 있다. 아니 사실은 방에 없는 척 하는 것 같다. 이런 궁색함이라니. 궁해도 보통 궁한 처지가 아닌 것 같다. "보증금 다 까먹고 월세 밀린 게 석달째야, 너 그러고도 살고 싶니"

오 마이 갓. 딱한 상황이다. "에라 이 등신아 너 아주 사람을 만만하게 봤다 이거지." 그랬다. 이 남자 완전 등신이다. 아내는 바람 피우시고 게다가 본인은 월세 낼 돈도 없고. 그러면 이 남자가 할 수 있는 게 뭐가 있을까? 자살이었다. 집주인 여자가 사라지자 몸을 일으킨 이 남자. 재떨이에서 발견한 꽁초 하나 잠시 물다가는 죽자하며 일어선다. 이런.

목매달고 하직하려는 그 순간. 노모로부터 전화가 온다. 죽겠다는 인간이 핸드폰은 왜 열어보는 건지. 잠시 고민하던 이 남자 전화를 받는다. 전화기 너머로 들리는 노모의 목소리. "아들 밥은 잘 먹고 사는 거야." "인모야 담벼락에 꽃이 너무 예쁘게 폈다. 엄마처럼 말이야" "인모야 이따 집에 좀 와. 닭죽 끓여놨으니까 와서 먹구가" 이제 이 남자 정체가 밝혀졌다. 이름은 인모. 닭죽을 좋아한다. 그리고 아내와는 별거 중인 영화감독이다. 그리고 지지리 궁상이다.

장면 6-2 자살 직전에 엄마 전화를 받고 엄마 집으로 가는 인모

세상을 등지려는 순간, 닭죽 끓여놨으니 집에 잠시 들르라는 노모의 메시지는 자살 충동을 접게 할 만큼 유혹적이다. "집에 와" 그 한 마디. 이 노모의 한 마디가 인모의 궁색한 처지를 털게 하는 계기가 될 줄이야. 그리고 인모, 진짜 노모의 집으로 귀가한다. 아니 얹혀살려 들어간다.

몰래 들어간 노모의 집. 아무도 없는 것처럼 보인다. 얼른 부엌으로 간 인모. 먹기 좋게 만든 닭죽과 백숙이 인모를 반긴다. 막 시식하려는 순간, 방문이 열린다. 집에 아무도 없는 게 아니었다. 이미 엄마의 집에 짱 박힌 인모의 적수가 있었다. 바로 인모의 무지막지한 형 한모였다. 환대? 이런 거 없다. 한모는 인모를 그냥 두지 않는다. 이렇게 비꼰다.

> 한모 닭죽에 대한 예의도 모르는 새끼. 여기 왜 왔어?
>
> 인모 아들이 엄마집에 오는데 이유가 있냐?
>
> 한모 대한민국 영화감독이 창창한 대낮에 엄마집에 오는 거는 이유가 있어야지, 씨발놈아.

와, 주고받는 말이 완전 비수다. 서로의 말이 칼이 되어 서로를 찌르고 또 찌른다. 형은 궁금하다. 내가 엄마랑 사는데 니가 왜 끼냐는 것이다. 걸리적거린다는 것이다. 이렇게 서로 말의 비수를 주고받던 중 둘이 엉겨 붙는다. 또 찌질한 개싸움이다. 이 때 초우를 부르며 삼계탕을 만들던 그 노모가 들어오신다. 그리고 둘에게 말한다. 목욕이나 하고 오라고.

목욕탕에서 벌어지는 이 형제의 다툼도 엄청 찌질하다. 앞으로 벌어질 일이 어떨지 알만하다. 그래, 이런 것이다. 가족? 숭고한 집단이 아니다. 비수 같은 말과 지찔한 개싸움이 벌어지는 현장이 가족이다. 그러면서 죽인다 살린다 난리 피는 집단이 바로 가족이다.

이 형제들 사이에 벌어진 해프닝 중 이런 게 있다. 인모, 형이 짝사랑하는 동네 미용실 여주인 수자를 꼬셔 슬쩍 재미 볼 궁리였다. 완전 속물이다. 인모, 아무도 없는 미용실로 들어가 기타를 연주해달라는 수자의 부탁을 받아준다. 아주 초보적인 기타 실력의 인모. 그래도 눈을 감고 듣는 수자. 인모 수작을 더 건다. 바다로 가잔다.

그런데 이 수작이 실패로 돌아간다. 바다에 간 인모와 수자. 회를 먹고 술을 마시고 그리고 귀가하는 상황. 차 안에서 대쉬하는 인모. 거부하는 수자. 수자, 이렇게 말한다. "감독님 저 사랑하시는 거 아니잖아요." 그러니 인모 이렇게 대꾸한다. "이 나이에 사랑이 어디있습니까? 몸이 움직이면 그게 사랑인거지. 그런 거 젊었을 때…."

백수 인모. 수자를 대상으로 재미보려한 계획이 완전 실패한다. 그리고 그들의 차가 미용실에 도착한다. 그런데 한모가 이걸 다 보고 말았다. 그런데 한모, 이 광경을 보고 달려가서 난리 치지는 않는다. 그리고 이어지는 장면 예사롭지 않다. 노모의 집 베란다에 하늘하늘 걸린 팬티들. 뭔 일이 일어날 거 같다. 뭔 일이. 그 뭔 일은 순서를 바꿔 이야기하기로 하자.

자 다시 이 형제들에 대한 논평. 이 형제들 보아하니 완전 백수 같다. 아니 형 한모는 백수가 아니라 어째 양아치 같다. "창창한 대낮에 대한민국 영화감독이 엄마 집에 오는 건 이유가 있어야지 씨발놈아"라고 말하는 형의 정체가 더 의심스럽다는 말이다. 본래 이 형, 폼잡는 형이다. 바지사장 경험도 적지 않고 큰집에도 출입한 경력이 있다. 그렇다고 무슨 조직의 보스가 될 역량이 있는 건 아니다. 그래, 건달이다. 폼잡는 건달.

그런데 이 노모의 집에 백수 형제들만 기어들어온 게 아니다. 남편한테 두들겨 맞은 여동생 미연과 중학생 조카인 민경까지 합세한다.

미연의 입담도 놀랍다. 상식을 불허하는 입담이다. 오빠들이라고 해서 그냥 넘어가는 미연이 아니다. 할 말 하다는 미연이다. 조카 민경과 한모, 인모와의 관계도 볼만하다. 서로 한심한 인간들 이런 식이다. 이렇게 갑작스럽게 좁은 집에 다섯 명의 식구가 복작대다보니 아침마다 화장실 전쟁이다. 노모의 심사가 좋을 수 없다. 그런데 그 노모 딱히 표 내지 않는다. 체념인지 기대인지 그러려니 하는 게 노모의 대응 전략이다.

이렇게 콩가루 가족이지만 외부의 험담에 대해선 민감하다. 자기들끼리는 말의 비수를 날리지만 외부의 누군가가 그렇게 하면 가만있지 않는 한모와 인모다.

이혼하겠다고 난리치고 노모 집으로 와버린 미연. 그러니 한모와 인모 불편할 수밖에. 미연을 노모 집에서 나가게 할 목적으로 백수 형제들이 동서를 불러내 만든 술자리였다. 분위기가 무르익던 중 동서 입에서 "아 고년은 피가 드러워"라는 말이 나오고 말았다. 이 말에 백수 형제들 가만있는 게 아니다. 이 동서를 두들겨 응징한다.

이런 사건도 있었다. 오랜만의 가족 나들이. 장소는 을왕리 바다였다. 미연의 남친이 운전하는 차에 이 식구 모두 타고 을왕리를 간 것이다. 바다를 배경으로 사진도 찍고 나름 분위기 연출한 소풍이었다. 문제는 술이었다. 해변 근처의 횟집에서 이 가족들 서로 술잔을 돌리며 회포를 풀던 중 예기치 않은 사건이 터진다. 미연, "원샷 해 오빠"하며 초장을 묻힌 회감을 인모 입으로 배달. 그런데 그게 인모 바지로 추락. 인모, "아 씨발 진짜"하며 확 짜증을 낸다.

그러니 미연, "왜 그래 오늘" 그래 그러며 감정 섞인 말을 이어간다. "혼자 대학가고 감독되고 우리가 밑으로 보여?" 엄마 아부지 저 인간 공부 좀 한다고 전폭적으로 밀었는데 집안을 일으키길 했나 뭐하냐는 것이다. 이런, 뭔 일이 날 거 같다.

그런데 일이 엉뚱하게 비화하고 만다. 주변 손님들이 시비를 건다. 시끄럽다는 것이다. 고분고분한 성격의 여동생이 아니다. 개입 들어온 손님에게 이 여동생 다가가더니 머리를 한 대 친다. 아줌마란 말에 격분한 것이다. 이에 이어지는 싸움. 한모, 인모가 가만있지 않는다. 저 인간들이 우리 여동생을? 이러며 한판 붙는다. 오랜만에 결행한 가족 나들이는 이렇게 집단 패싸움으로 마무리된다.

여기서 주목해야 할 장면. 노모의 태도이다. 노모는 손님들과 엉겨 붙은 자식들을 말리지 않는다. 뭐 저럴 수도 있지 하는 식이다. 그래, 바로 이 장면. 보통의 부모라면 난리가 났겠다. 같이 합세하든가 자식들을 훈계하든가. 그런데 이 노모는 그렇지 않다. 그냥 혼자 술 한 잔 더 한다. 입 다물고 그러려니 한다.

장면 6-3 을왕리 식당에서 손님들과 싸우는 미연과 가족들

굳은 얼굴로 귀가하는 가족들. 그런데 노모가 슬쩍 웃으며 이렇게 말한다. "야 무슨 일 생기면 그렇게 형제끼리 팔을 걷어 부치고 서로 돕는 거야." 그래 이것이다. 이 노모가 찌질한 자식들에게 던지는 진심의 멘트. 무슨 일 생기면 너희들끼리 팔을 걷어 부치고 도우라는 것이다. 너희들끼리는 아웅다웅하더라도 일 나면 서로 도우라는 것이다. 바꿔 말하면 이런 것이다. '가족은 의리가 최고다!'라는 것이다. 의리 빼면 가족이 아니라는 것이다.

이런 점에서 자기들끼리는 갈등을 거듭하다가도 외부의 적에 대해서는 일치단결하는 「고령화 가족」의 가족은 역설적으로 대단히 이상적인 가족처럼 보이기도 한다. 마치 이 가족은 저 선사 시대에 압도적인 자연 재해나 외부의 원초적 폭력 앞에서도 기죽지 않고 버티는 가족 공동체 같다. 이 가족 공동체를 뒤흔드는 외부 세력은 말이 되던 안 되던 단호히 응징하겠다는 게 이 가족의 소신 같다. 그렇다면 이 가족을 그렇게 단결케 하는 원동력은 무언가? 그거 바로 노모의 존재이다.

3. 내가 니들 엄마다

이 노모가 정성스레 하는 과업 중 하나가 푸짐한 밥상 차리기이다. 주식은 삼겹살. 살림은 궁색해 보이는데 어디서 공수해 오는지 저녁마다 삼겹살이다. 오죽하면 외손녀 한다는 말이 이렇다. "할머니 삼겹살 좀 그만 먹으면 안 돼. 진짜 지겨워." 그래 이 노모는 지겹다는 말이 나올 정도로 자식들에게 매끼 삼겹살을 구워 바친다. 밥상에 앉은 백수 아들들과 이혼한 딸 그리고 손녀의 입으로 들어가는 삼겹살. 그리고 부지런히 굽는 노모.

노모라고 해서 이 자식들이 성에 찰리 없다. 그래도 이 노모 꾹 참고 밥상을 차린다. 왜? 이유는 단 하나. 식구가 별 게 아니라는 것이다. 한 자리에 모여 같이 밥 먹는 이들이 식구라는 것이다. 이 노모가 차린 밥상이 만찬 수준은 아니지만 이 밥 먹고 자식들 힘낼 거라고 노모는 믿는 것이다.

이 노모, 삶의 고수다. 아닌 듯하지만 고수다. 그래 가족이란 바로 식구다. 같이 먹는 관계와 존재가 식구다. 그렇다면 정말 우리는 식구로 살아가는가? 각자 따로 밥 먹고 자기 방에 들어가 스마트폰 두들기다 잠드는 우리들. 그렇다면 우리들은 식구가 아닌 것이다. 이 노모의 논리로 보자면 가족이 별 게 아니다. 일단 한 식탁에서 같이 먹고 나눠야 한다는 것이다.

장면 6-4 삼겹살로 저녁 식사를 하는 가족들

아들도 아들이지만 딸 미연도 대단한 인물이다. 이혼이 벌써 두 번. 입도 보통 건 게 아니다. 욕도 쉽게 한다. 자기가 돈 벌어 어머니와 오빠들을 먹여 살린다고 큰 소리 치는 미연이다. 그런데 이상하다. 아니 놀랍다. 이 노모는 백수 아들과 이혼녀 딸에게 큰 소리 치지 않는다. 그저 푸짐한 밥상을 차리고 먹이고 달래고 그렇게 살아간다. 백수 아들과 이혼녀 딸을 보고 있으면 원수가 따로 없다고 성화를 낼만한데 도통 그렇지가 않다.

그래서 이 노모가 존경스럽다. 부모의 의무와 미덕을 잔소리로 생각하는 이들이 있다. 나라고 예외일까. 아이들에게 아빠라는 이유로 더러 더러 잔소리 해왔고 더는 하지 말아야지 하면서도 또 하게 되는 게 잔소리였다. 잔소리라는 게 그렇다. 그게 중독성이 있다. 내 기대에 차지 않을 때 일단 뱉게 되는 게 잔소리였다.

문제는 잔소리의 효과다. 그 효과가 좋은 게 아니다. 잔소리 하는 부모 앞에서 자식들은 말을 듣는 척하지만 이는 어디까지 듣는 척이다. 문제는 아이들이 아니라 잔소리하는 부모들일 수 있다. 잔소리를 반복할 게 아니라 그저 따뜻한 밥 한 끼 차려주는 부모가 진짜 부모였던 것이다. 입을 닫아야 한다. 입을 닫고 밥을 차려야 한다. 「고령화 가족」의 노모처럼 말이다. 그게 가족을 힐링으로 이끄는 원동력이다.

노모의 내공을 주목할 사건이 더 나온다. 이 자식들의 아버지가 다 다르다. 한모, 인모, 미연의 아버지가 모두 다르다는 말이다. 이 미묘한 진실이 밝혀지는 순간. 한모, 인모, 미연 놀라워하는 표정이지만 그래도 노모 입을 닫는다. 이렇듯 세상엔 두 계열의 부모가 있어 보인다.

할 말 다하는 부모와 그렇지 않은 부모. 이 노모는 후자에 속한다. 이건 웬만한 사람이 따라가기 힘든 수준이다.

그래서 을왕리 나들이가 패싸움으로 이어져도 노모, 뭐라 하지 않는다. 그러려니 한다. 가족으로 살다보면 뭐 저런 일도 있을 수 있지 하는 표정이다. 그렇다고 이 엄마가 늘 입을 닫는 건 아니다. 결정적인 순간에 자식들의 마음을 뒤흔든다. 그게 바로 이 노모의 힘이다. 미연이 우여곡절 끝에 재혼을 하게 되었다. 마침 큰아들 한모가 집을 비웠다. 노모에게 전화를 건 한모. 노모가 이렇게 말한다.

엄마 여보세요.
한모 엄마, 나야 한모.
엄마 아, 아들. 너 어디니? 밥은 잘 먹고 댕기는 거지?
한모 그럼 잘 지내고 있지. 취직도 했고. 나 사장이야. 죽이지, 엄마?
엄마 어휴, 그래. 너무 잘 됐다. 얘, 그래도 나는 사장된 것도 좋지만
엄마 니가 집에 들어오는 게 더 좋아. 엄마 너한테 의논할 것두 너무 많구.
엄마 한모야, 듣고 있니?
한모 ..어 듣고 있어. 근데 좀 잘 안들리네.
엄마 저기 한모야, 너 미연이 결혼식에 꼭 올거지? 응? 너 엄마말 잘 듣잖아.
한모 ...가야지, 꼭 가야지. 근데 엄마, 내일 나 출장 있어가지고 오래는 못 있어.
엄마 그래, 알어 알어 알어. 그래도
엄마 꼭 와야지 돼. 응? 엄마는 장남 없는 결혼식은 못한다.
엄마 한모야, 듣고 있니?

장면 6-5 깊은 밤 엄마와 한모의 통화

건달 장남. 둘째는 영화감독이기라도 하지 이 장남은 변변한 직업도 없다. 그래도 이 노모의 눈엔 장남이 늘 반갑다. 행방이 묘연하던 장남이 늦은 밤 전화를 해오자 노모 대뜸 한다는 말이 밥은 잘 먹고 다니냐는 것이다. 그리고 더 말한다. 집에 들어오라고. 미연이 결혼 문제 때문에 장남과 의논할 게 많다는 이유다. 만약 이 노모가 본래부터 잔소리 많은 노모였으면 건달 장남이 전화했을까. 그러지는 않았을 것이다. 세상이 이 장남을 뭐라 뭐라 손가락질해도 이 노모만은 장남을 의논할 대상으로 여기는 것이다. 이게 바로 노모의 힘이다.

어, 그런데 한모 왜 집을 나간 건가. 자 한모의 가출 아니 출가, 이 사건도 순서를 바꿔 이야기하기로 하자.

「고령화 가족」의 자식들은 이렇게 시도 때도 없이 으르렁 대면서도 노모가 차린 밥상 앞에는 꾸역꾸역 모인다. 그리고 그야말로 열심히 먹는다. 최후의 만찬에 초대받은 손님들처럼 자식들은 식사를 먹어치운다. 이 노모는 어쩌면 이런 저런 이유로 갈라진 자식들을 밥상 앞으로 호출하는 치유의 전령사 같다. 일단 입 닫고 먹으라는 것이다. 여하간 너희들은 한 식구 아니냐는 것이다.

서로 앙앙대던 이들이 진짜 일치단결하는 사건이 벌어진다. 바로 조카 미연의 실종 사건이다. 더는 집에 있지 못하겠다며 가출해버린 조카. 그럴만한 이유가 있다. 한모의 자위 사건. 이 인간이 집에 아무도 없나 싶어 조카의 팬티를 얼굴에 뒤집어쓰고 자위 하신 것이다. 일이 꼬이려 해서 그랬는지 이 장면을 인모가 목격. 그래서 집안이 난리가 난 것이다. 졸지에 백해무익한 괴물이 돼버린 형. 마침 등장한 노모가 이 팬티는 내 거라 하며 상황을 수습하지만 한모는 왕따가 되고 만다. 그리고 이어지는 한모의 자살 해프닝.

물론 자살은 성공하지 않는다. 이 집 자식들의 자살 결행은 언제나 그 직전에 그친다. 그런데 집안 꼴이 이러니 조카 민경 가출하고 만다. 그래서 미연 뒤집어진다. 가출한 딸을 찾아야 한다고 오빠들에게 난리다. 오빠들도 조카의 행방을 수소문하며 난리다.

그런데 한모 왜 이런 만행을? 이 장면 기억하는지 골목 뒤에 숨어 인모의 차에서 내린 수자를 보던 장면. 그리어 이어지는 장면이 베란다에 걸린 팬티. 한모는 수자를 좋아했다. 진정으로 말이다. 그래서 그 날도 만두를 사서 미용실을 찾았던 것이다. 그런데 동생에게 수자를 잃은 거라고 생각하게 된 한모였다. 그래서 한모, 수자를 꿈꾸며 수자를 그리워하며 수자를 생각하며 자위를 하신 것이다. 나름 거룩한, 신성한, 처절한 제의였다.

그렇지만 이건 한모만 아는 진실. 다른 식구들이 이를 어찌 알까나.

특히 형의 여자를 가로채려한 동생 인모가 더 방방 뜬다. 정말 찌질이는 인모다. 여하간 가출한 민경, 큰일은 큰일이다.

바로 여기서 한모가 구원타자로 등장한다. 더는 조카 팬티 뒤집어쓰고 자위하는 오한모가 아니다. 위아래로 양복 빼입으니 놀던 가락이 확 나온다. 오한모가 조직의 바지사장을 하기로 한 것이다. 그 대신 조카를 찾아달라고 조직에 부탁하게 된 것이다. 그리고 어렵게 조카를 찾는다. 역시 사건이 생기면 단결하는 가족이다.

왜 이럴까? 이유가 있다. 자기 조카이기 때문? 이 이유가 전부는 아니다. 한모가 조카의 의리를 높이 산 것이다. 이 백수 큰삼촌의 만행을 조카가 "어 그거 내 팬티 아니야" 이렇게 모른 척해 준것이다. 이 의리를 높이 산 큰삼촌이 조카 구하기에 나선 것이다.

헌데 상황이 여기서 끝나는 게 아니다. 다시 큰집에 들어갈 것을 감수하고 바지사장을 수락한 오한모. 자기를 한물간 건달로 취급하는 후배의 비아냥을 우연히 듣게 된 한모, 이 빠칭코를 조직 몰래 처분한다. 바지사장이지만 그래도 명색의 사장 아닌가. 보스가 되었다고 자기를 우습게 보는 조직 후배를 물 먹일 겸 한모가 이 빠칭코를 팔아치운다. 그런데 이게 그만 중간에 들통이 나고 말아 동생 인모가 대신 붙들려 간다.

4. 가족, 의리가 중요하지

형의 행방을 얼른 실토하라고 죽도로 인모를 패는 조직의 조폭들. 그런데 인모, 배짱이 보통 두둑한 게 아니다. 예수의 제자 유다 같지는 않은 것이다. 미운 형, 바보 같은 형 한모. 그런데 인모는 두들겨 맞으면서 깨닫는다. 저 미운, 바보 같은, 모자란 형 오한모의 의리에 대해서 말이다. 형은 형이었다.

약장수 아까 참에 나한테 뭐 할말 있다 그랬지? 그려, 인자 함해봐.

인모 ..처음엔

인모 다 애기해줄려고 했는데 근데..

인모 맘이 변했어.

인모 왜냐하면 내가

인모 자존심이 상했거든... 니들처럼 배운 게 없는 놈들은 잘 모르겠지만

인모 원래 사람은 이렇게 다루면 안 되는 거야.

인모 우리는 위대한 문명을 창조하고 최소한의 존엄성을 지키면서 살도록 제도를 발전시키며 살아 왔거든. 니들이 무슨 짓거리를 하고 살아도

절대 그 서실을 잊어선 안 돼, 이 양아치 새끼들아.

약장수 냅 둬.. 오한모가 영화감독 동생, 입에 침이 마르게 자랑하던데.. 똑똑하네.

인모 더 들어, 이 새끼야

인모 니들은 날 짐승처럼 다뤘어.. 그건 단지 나 개인을 두들겨팬 게 아니라..

인류가 수천년 동안 피 흘리면서 이룩한.. 위대한 유산을 짓밟은 거야..

인간의 존엄성을 짓밟은 거라고..

약장수 잘 생각해봐, 아무리 형제지만 그 쓰레기 때문에 여기서 죽을 필요 있을까?

인모 암, 죽을 수 있고 말고.

이 장면, 거룩해 보인다. 형 대신 붙잡혀온 동생. 죽도록 두들겨 맞는다. 무지막지한 조폭들이다. 그런데 이 조폭들에게 동생이 일갈한다. 사람을 이렇게 대접하지 말라는 것이다. 관객들에 따라서는 이 장면이 생뚱맞아 보일 수 있다. 그런데 나는 이 장면이 마음에 든다. 그래 저렇게라도 말해야 한다. 사람을 막 다루는 일이 어디 영화에서만 그러할까. 사람을 짐승처럼 다루는 일들이 부지기수다.

장면 6-6 약장수패들에게 폭행당하는 인모

이 조폭들에게 두들겨 맞던 동생, 문득 깨닫는다. '내가 형한테 참 좆같이 했었구나. 그래 그 인간은 나를 위해서 빵까지 다녀왔는데 난 해준 게 없네.' 그래서 작심한다. 죽이든 뭐든 너희들 맘대로 하라고. 자 이제 한모의 의리가 밝혀지는 장면이 이어진다.

영화의 시작 장면을 기억하는가. 아내와 바람 핀 녀석을 응징한 인모. 인모 졸지에 폭행사범이 되고 말았다. 그때 뒤늦게 달려온 한모. 난 이미 전과자이니 내가 뒤집어쓰고 감옥에 들어가겠다는 것이다. 그리고 결국 그렇게 행동한 형이다. 이런, 이게 의리의 비밀이었다. 건달 형은 집안의 자랑인 영화감독 동생을 다치게 하고 싶지 않았다. 의리의 한모였다.

이런 점에서 조폭들의 저 매타작은 인모의 속물근성과 허위를 균열시키는 육체적 가격 같기도 하다. 인모는 매타작을 당하며 깨닫고 반성하고 결심한다. 이젠 내가 한모 대신 죽겠다는 것이다. 나를 죽여라 이것이다.

자 다시 이 영화의 시작 장면. 노모의 집을 찾은 동생에게 날린 형의 말의 비수들. 그건 어쩌면 동생에 대한 형 나름의 애정 표현 방식일 수도 있겠다. 그리고 이어지는 그 아웅다웅하는 다툼들. 그 다툼의 이면에도 형과 동생의 애증이 흐르고 있었던 것이다. 그래도 이 순간에도 이미 한모는 동생의 실수를 뒤집어쓴 의리의 형이었던 것이다.

가족이란 뭘까? 혈육? 그래 혈육 좋다. 피를 나눈 혈육. 그러면 뭐가 어떻다는 건가. 이 영화의 자식들은 아버지가 다 다르다는 점에서 진짜 혈육은 아니다. 그러면 이 가족들은 가족이 아닌가? 아니다. 「고령화 가족」의 가족은 가족이다. 「고령화 가족」의 가족들은 피 대신 의리로 뭉친 가족이다. 그 의리가 이들을 진짜 가족으로 만든 것이다. 혈육으로서의 가족. 이건 어쩌면 신화일 수 있다. 혈육으로서의 가족의 전부가 아니라는 것이다.

가족 구성과 지속에 혈육이 전부가 아니다. 서로를 연대케 할 어떤 내적 근거가 필요하다. 진짜 콩가루 가족은 의리 없이 혈육만 내세우는 가족일 것이다. 이제 보니 이 가족은 콩가루가 아니다. 의리로 엮인 이들. 그 한 가운데 노모가 있다.

이렇게 자식들이 의리로 묶이는 그 내적 근거. 그 근거는 노모가 차려준 밥심 같다. 그리고 이 자식들 드디어 이 밥심의 힘으로 자립한다. 장남 한모는 짝사랑하던 미용실 안주인과 결혼한 듯하고 차남 인모는 확실히 이혼하고 에로 영화이긴 하지만 드디어 영화를 찍는다. 미연은 카페를 그만두고 옷가게를 열었다. 그리고 조카 민경은 댄스를 배운다.

그리고 노모는 미연의 생부인 구씨 아저씨와 새롭게 출발한다. 이런 저런 이유로 노모의 집으로 기어들어온 자식들은 이제 노모의 집을 떠나 자립의 길을 걷는 것이다. 둘째는 이렇게 말한다.

인모 언제 어디서든 누구에게든 한 때 삶의 소동은 일어난다.
질풍노도 같은 한 때가 지나고 우리 가족은 해체됐다.
미연이는 근배의 권유로 까페를 그만두고 옷가게를 시작했다.
민경이는 춤을 배우기 시작했다.
공부는 못 하지만 의리가 있는 민경이는 뭐가 돼도 될 거라

> 믿는다.
> 엄마는 구씨 아저씨와 새인생을 시작했다.
> 늘 우리랑 같이 살 때가 시끄럽지만 재미있었노라고 말했다.
> 그리고 난 영화를 다시 시작했다.

다시 시작한 「고령화 가족」의 자식들. 그리고 이 자식들을 의리의 자식으로 탄생시킨 노모. 저 노모가 진짜 부모 같다. 「고령화가족」의 가족 "질풍노도 같은 한 때"를 치르고 해체되었다. 그런데 이 해체는 건강한 해체다. 자식들은 부모의 집에서 분리되어야 한다. 언제까지 부모에 기생하며 살아갈 순 없다. 그게 언제가 되는 자식들은 부모의 집을 나와야 한다. 그래서 이 가족들의 해체와 분리가 돋보이고 노모가 돋보인다.

노모는 삶과의 싸움에서 진, 치친 자식들을 받아준다. 그리고 그들을 밥심으로 위로하고 되살린 노모는 다시 그들을 세상 바깥으로 나가게 한다. 이게 가족이고 부모의 역할이다. 이게 맞다. 가족은 의리로 살아가야 한다. 피가 아닌 의리. 이게 가족을 가족답게 하는 동기일 게다.

아, 그렇다면, 나는 어떤가? 정신차려야겠다. 나는 「고령화 가족」의 노모처럼 부모역할 할 자신이 솔직히 없다. 그러나 이거 하나는 가슴에 간직하고 싶다. 가족을 힐링시키는 동력, 그건 피가 아니라 의리라는 것. 그 의리로 가족에게 다가가야 한다는 것. 특히 자식들에게 말이다. 그 의리라는 것 별 거 아니다. 자식이 부모를 열 받게 해도 입 닫고 제대로 먹이면서 기다려주는 게 의리 같다. 그래, 나의 의리를 이제라도 실천해 봐야겠다.

제7장

이방인에서 소통하는 주체로

「로니를 찾아서Where is Ronny…」·「반두비Bandhobi」, 내 마음의 편견

[감독] 심상국
[출연] 유준상, 로빈 쉬엑, 박영서, 마붑 알엄 퍼럼
[장르] 드라마
[상영시간] 92분
[개봉일] 2009.05.14

[감독] 신동일
[배우] 마붑 알엄 퍼럼, 백진희, 이일화, 박혁권
[장르] 드라마
[상영시간] 107분
[개봉일] 2009.06.25

1. 한국 사회가 다문화사회라고?

오늘날 다문화 현상은 초국적 자본의 요구에 따라 전지구적 차원에서 발견되는 현상처럼 보인다. 한 예로 근래 들어 여기저기서 쉽게 마주치는 이주노동자들은 1991년 산업 연수생 자격으로 입국하기 시작했으니 이들의 입국은 전지구적 차원의 신자유주의 경제시스템

작동과 상당한 연관이 있다는 게 중론.

더불어 우리나라에는 2000년대 초반부터 한국 남성들과 결혼할 목적으로 입국한 아시아 여성들이 꾸준하게 입국하기 시작. 이를 감안하자면 우리나라의 취업과 결혼 시장에서 이주자들이 차지하는 비중이 결코 적지 않다고 봐야 한다. 1980년대 초반까지만 해도 다른 아시아 국가들처럼 적극적인 노동력 수출 국가였던 우리나라가 노동이주, 결혼이주를 포함한 이주 현상을 속전속결의 방식으로 경험하고 있는 것이다.

이처럼 압축적으로 진행된 우리나라의 다문화 현상은 자연스럽게 다문화, 다문화주의, 이주, 이주자, 외국인, 식민, 글로벌 등등의 개념을 정계, 학계, 예술문화계의 주요 의제로 대두케 하는 배경이 되었으며 이 배경 아래에서 이 개념들의 의미와 관계를 고찰하는 논의는 지금도 활발하게 이어지고 있다. 그런데 이런 변화된 상황에서 과연 오늘날의 한국인들이 다문화적 감수성과 판단력을 소유한 소통의 주체일지에 대해서는 의구심이 드는 게 사실이다.

조심스럽지만, 우리나라의 다문화 현상은 현재로서는 일반 시민들이 공유하는 삶의 방식으로 뿌리 내린 게 아니라는 게 나의 소견이다. 우리나라가 진정한 다문화 국가로 국내외적 인정을 받기 위해서는 다문화적 감수성과 판단력에 대한 일반 시민들의 수용과 체화의 시간이 더 필요하다는 것이다.

우리나라에는 현재 100만 명 이상의 이주자들이 거주하는 상황이지만, 이 이주자들이 한국인들의 환대를 받는 것은 아니다. 사실, 근대 국민국가의 신화에서 자유롭지 않은 한국인들이 자국의 경계 내로 진입한 이주자들을 환대해야 할 대상으로 간주하는 게 익숙한 건 아니다. 엄밀히 말해, 단일민족이라는 개념은 허구적 개념이지만 대다수 한국인들은 이 허구적 개념을 일종의 절대 진리처럼 간주하며 오랜 시간 자신의 정체성을 구성해 왔다.

근대체제가 기본적으로 주체와 타자를 구분하는 배제의 정치 시스템이라는 것을 감안하자면, 식민의 역사를 경험하고 학습해온 한국인들이 이와 같은 구분에 익숙한 건 자연스러워 보인다. 문제는 이 구분의 지속적 작동이다. 우리 사회가 원하던 원하지 않던 포용과 공존의 다문화 사회를 지향해야 하는 상황에서 이 배제의 정치학은 그리 달가운 게 아니다.

여기서 잠시 1979년에 발표된 오정희의 단편 「중국인 거리」를 상기키로 하자. 「중국인 거리」에서 화교로 불리는 중국인들은 이 곳이 땅에서 뿌리내릴 수 없는 이방인으로 재현되고 있다. 이 소설에서 중국인은 자기 목소리가 없는 정체불명의 유령처럼 재현되고 있으니, 그 중국인은 “코허리가 낮고 누른빛의 얼굴에 여전히 알 수 없는 미소를” 띠는 낯선 타자처럼 보인다. 요컨대 이 소설에서 중국인은 ‘나’ 혹은 ‘너’가 아니라 익명의 3인칭 ‘그’로 재현된다는 것이다.

그렇다면 오늘날의 이주자들은 어떤가? 오늘날의 이주자들은 「중국인 거리」의 중국인처럼 완전한 타자의 지위를 반복하는가? 오늘날의 이주자들은 다행스럽게도 「중국인 거리」의 중국인처럼 보이지는 않는다. 그들은 이제 각종 언론매체에서 친숙한 대상으로 자주 재현될

뿐만 아니라 우리가 더불어 살아야 할 통합 대상으로 자주 홍보된다. 그러나 이와 같은 재현 양상의 변화에도 불구하고 이주자, 특히 이주노동자들은 한국의 저개발 노동 현장에 파견된 임시 체류자의 지위를 크게 벗어나지 않는다는 것으로 보인다.

잘 알려진 사실이지만, 오늘날 대다수의 이주노동자들은 산업 연수생 신분으로 입국하고 정해진 기간 내에 출국해야 하는, 말 그대로 임시 체류자에 불과하다. 우리 사회가 일정하게 다문화 사회의 성격을 보이는 건 사실이지만 이주노동자들은 아예 처음부터 근대 국민국가인 대한민국에 포섭될 수 없는 타자의 운명이 확정된 존재들이라는 것이다. 그렇기에 아이러니하지만 이들은 우리 사회의 다문화적 성격을 예증하는 존재들이기보다는 그 결여를 노출하는 존재들이라는 게 더 타당하다.

그렇다면 이들은 우리 사회의 결여를 표상하는 어떤 수난자의 전형에 해당하는가? 이들은 그 옛날, 고난 속에서도 미래의 전망을 모색한 민중의 계보를 이어가는 존재들에 해당하는가? 그런데 그렇게 보이지 않는다. 이주노동자들의 결여가 부인할 수 없는 사실이지만 그들을 환대해야 할 상생의 대상으로 인정하면서 이들과의 소통을 모색하는 작품들이 등장하는 까닭이다. 우리나라의 다문화적 현상이 아직은 시민들의 삶의 방식으로 녹아든 건 아니지만 이주노동자를 상생과 공존의 개념으로 재현하는 작품이 서서히 등장하고 있다는 것이다.

마침 한국인과 이주노동자와의 소통 가능성을 조심스럽게 모색하는 두 편의 영화가 있다. 그 두 편의 영화는 「로니를 찾아서」와 「반두비」이다. 독해 과정에서 더 밝혀지겠지만 이 영화들은 이주노동자들을 침묵하는 타자의 전형으로 재현하기보다는 환대해야 할 소통의 주체, 더 나아가 한국인들의 성숙을 이끄는 주체로 재현한다. 그렇다면 과연 이 두 편의 영화에 등장하는 한국인들은 이주노동자들을 어떻게 환대하게 되었으며 그에 따라 그들과 어떻게 소통을 모색하게 되었는가? 또한 이 이주노동자들은 한국인들을 어떻게 각성시키며 그들의 성숙을 견인하는가?

2. 말하는 주체, 유쾌한 이주노동자와의 소통

심상국 감독의 「로니를 찾아서」는 로니로 대변되는 이주노동자와 한국인의 소통의 문제를 주요 주제로 설정한 영화. 이 영화는 한국인들에게 잠재된 인종주의적 편견, 이 편견의 일상적 작동, 나아가 이 편견이 소통으로 전환되는 과정을 로드무비의 형식을 빌려 이야기하고 있다.

먼저 영화가 시작되면 방글라데시아를 배경으로 어딘가를 찾아가는 한 한국인이 등장한다. 영화가 이어지면서 인호로 밝혀진 이 한국인은 수많은 방글라데시아 사람들 사이에서 낯선 이방인처럼 보인다. 「로니를 찾아서」의 이 시작 장면은 누구든 이방인이 될 수 있다는 것을 상징화하는 장면. 이 시작 장면은 우리들 역시 소속된 위치만 전환되면 낯선 이방인의 표상이 될 수 있다는 것을 환기한다.

그렇다면 「로니를 찾아서」의 로니는 과연 누구인가? 로니는 안산 변두리에서 태권도 도장을 개원한 태권도 사범 인호를 한방에 물리친

이주노동자. 태권도 도장을 확장할 목적으로 국가대표 태권도 선수들을 초대해 '쇼'를 하던 인호에게 로니가 대결을 신청한 것. 로니가 대결을 신청하자 이를 지켜보던 몇몇의 지인들이 인호에게 로니의 대결을 받아들이라고 재촉한다. 인호의 태권도 도장을 방문한 이 '한국인'들은 어떻게 감히 방글라데시아 이주노동자가 한국인 태권도 관장에게 도전을 신청할 수 있느냐는 인종주의적 편견을 깔고 인호와 로니의 대결을 기대한다.

왜 로니는 인호에게 느닷없이 대결을 신청하게 되었을까? 그럴만한 이유가 있다. 태권도 관장이란 이유로 지역 자치방범 대장으로 위촉된 인호는 상가의 형님들과 함께 밤마다 상가를 순찰한다. 이 형님들은 대부분 이주노동자의 출현을 못마땅하게 여기는 작은 가게의 사장님들. 이들은 길거리에서 흔히 마주치는 이주노동자들을 퇴치해야 할 대상으로 여긴다. 이들에게 이주노동자들은 잠재적인 범죄자들에 불과하지 인격적으로 소통해야 할 주체들이 아니다.

그렇다는 것은 인호와 이 형님들과의 회식 장면에서 명확하게 드러난다. 이 장면에서 주시해야 하는 건 이 형님들의 제노포비아(xenophobia)다. 이들의 주고받는 말 속에서 이주노동자들은 지역 낙후성의 원인이자 잠재적 범죄의 가해자들로 규정된다. 이 형님들은 이들을 경기침체의 주범이자 마을의 낙후를 가져온 불청객으로 이해하는 것이다.

장면 7-1 방범에 나서기로 한 사장님들

그런데 나만 해도 그렇다. 제노포비아까지는 아니지만, 아니 환대까지는 아니지만 뭔가 그들과 나는 다르지 않나하는 그런 생각을 더러 할 때가 있다. 이건 뭘까? 아마도 나란 사람도 국민의 한 사람으로 단단하게 훈련받은 듯하다. 다문화 시대의 세계 시민이 되기에는 아직 나란 사람은 부족한 것이다. 내 마음에서 이는 구분 의식. 이를 극복하지 않고서는 나는 다문화시대의 세계시민이 될 수는 없는 것이다.

하루는 이들이 순찰 중 좌판을 벌인 로니를 만나는데, 인호와 형님들은 순식간에 로니의 좌판을 뒤엎어버린다. 도대체 누가 이들에게 로니의 좌판을 뒤엎을 권리를 주었을까? 이들이 아무리 지역 방범대원이라 하더라도 길거리에서 장사를 하던 로니에게 폭력을 행하고 좌판을 뒤엎을 권리는 없다. 이유가 있다면 자신들은 대한민국 국민으로 호명되는 경계 내의 합법적 거주자이지만 로니는 아니라는 것이다. 만약 그 대상이 한국인이었다면 이들의 폭력은 과연 가능했을까? 그렇지는 않았을 것이다. 로니에 대한 이들의 폭력은 전형적인 인종주의적 편견에 기반을 둔 증오 범죄가 분명한 것이다.

이런 점에서 로니의 도전은 한국인들의 인종주의적 편견에 대한 복수이자 저항의 의미를 띤다. 그리고 이러한 로니의 복수와 저항은 보기 좋게 성공한다. 로니는 한 방에 인호를 쓰러뜨린다. 사정이 이렇게 되자, 태권도 비즈니스에 꿈이 부풀었던 인호의 계획은 완전히 물거품이 되고 만다. 로니에게 일격을 당한 인호의 자존심은 여지없이 무너진다. 그는 '억울'하고 '분'하고 '창피'해 한다.

장면 7-2 로니와 인호의 태권도 대결

이렇게 로니로부터 일격을 당한 인호는 이어지는 장면에서 적극적으로 로니를 찾는 탐색자의 역할을 수행한다. 인호가 로니를 찾는 이유는 간단하다. 로니를 추방시키거나 혼내는 등 복수를 하고 싶어서이다. 그런데 영화는 인호의 복수와 응징을 보여주지는 않는다. 이 영화가 보여주는 건 인종주의적 편견을 벗는 인호의 변화이며 그 변화의 계기이다.

로니를 찾는 과정에서 인호 곁을 맴도는 인물은 인호와 로니의 대결을 주선한 뚜힌. 뚜힌은 인호에게 로니를 찾게 해준다고 하지만, 뚜힌은 그 역할을 진지하게 수행하는 게 아니다. 다소 코믹한 캐릭터로 등장하는 뚜힌은 로니를 찾아주는 유일한 안내자를 자처하지만 영화가 보여주는 건 인호와 뚜힌의 친화적 관계의 형성이다. '로니를 찾아서'라는 영화 제목처럼 인호는 실제 로니를 찾아 나서기는 하지만 그 찾기가 실제 두 사람의 만남으로 이어지지는 않는다는 것이다. 이 영화는 인호와 로니의 실제 만남보다는 인호의 로니 찾기를 더 각별하게 짚는다. 복수전을 벌일 목적으로 인호는 로니를 찾지만 어쩌면 그가 찾는 탐색 대상은 로니가 아닐 수 있다.

형식적 층위에서 보자면, 이 영화는 인호의 로니 찾기라는 탐색담의 플롯을 취하고 있지만 인호가 진짜로 찾는 것은 인종주의적 편견을 탈피한 새로운 인호라는 것이다. 복수심에 사로잡힌 인호는 로니를 찾는 동안 오히려 복수심을 접고 로니와 같은 처지의 이주노동자들과 소통하는 열린 한국인으로 변모한다. 이 변모의 과정에서 주목할 인물이 이주노동자 뚜힌이다. 뚜힌은 이주노동자의 수난의 이미지를 탈피한 '유쾌한' 인물이다. 가수 김현식의 노래가 좋아 한국에 왔다는 뚜힌은 침묵하는 이주자가 아니다. 그는 언제 어디서든 자주 '말하는' 이주노동자. 게다가 넉살과 변죽이 좋은 뚜힌은 위아래 가리지 않고 한국인들과 쉽게 친해진다.

여기서 주목해야 할 것은 뚜힌이 억압받는 노동자의 전형이라 할 1980년대 한국 민중의 계보를 대체하는 인물로 설정되지 않는다는 것. 「로니를 찾아서」에서의 뚜힌은 수난 받는 자의 고통과 분노를 재현하는 노동자이기보다는 이주노동자의 처지에서도 자기 삶을 유쾌하고 즐겁게 만들어가려는 노마드적 인간상으로 재현된다. 이는 이 영화의 돋보이는 대목. 이 영화에서 뚜힌은 당면한 삶의 조건에서 보자면 소위 '기만적 자본주의 체제에 희생되는 수탈자'로 이해될 수 있다.

그렇지만 이 영화는 뚜힌을 그와 같이 일면적으로 재현하지는 않는다. 이 영화에서 뚜힌은 비록 고난과 고생을 겪는 하위계급에 속한 인물이기는 하지만 그러한 사회학적 정의를 스스로 탈피코자 하는 탈경계적 인물이다. 이런 뚜힌을 인호는 코리안 드림의 성취를 위해 노력을 아끼지 않는 게으른 청년으로 오해한다. 그래서 인호는 뚜힌을 향해 말끝마다 '놈', '인마', '새꺄' 등 하대하는 화법을 서슴없이 구사한다. 한 마디로 인호에게 뚜힌은 게으른데다가 '구라치는 놈'에 불과하다.

그러나 그의 '게으름'과 '구라'는 사실 경쟁이 내면화된 한국인인 인호의 편견이다. 그 편견은 모든 일에 성실해야 한다는 개인의 성실을 강조하는 한국인들이 오해가 빚어낸 편견이다. 뚜힌은 게으른 게 아니라 다만 그 자신의 방식으로 낯선 한국에서 살아가고 있는 것이다.

이런 점에서 뚜힌은 자기 본연의 스타일로 한국사회가 강요하는 삶의 방식에 유쾌하게 저항하는 인물로 해석될 수 있다. 달리 말해 뚜힌은 분노의 감각과 수사학으로 한국사회에 저항하는 게 아니라 수다의 수사학과 유쾌의 감각으로 자신에게 강제되는 불행을 거부한다. 뚜힌은 분노하는 이주노동자가 아니라 그 분노의 결을 뒤집고 유머를 세상에 날리는 유쾌한 이주노동자이다. 뚜힌은 말하고 또 말하며 자기를 이야기하고 연출하는 거리의 수사학자이다.

장면 7-3 뚜힌과 함께 로니를 찾아 나선 인호

그런데 인호는 바로 이 뚜힌의 수다에 서서히 매료된다. 오로지 복수심에 사로잡힌 인호와 달리 뚜힌은 낙천적이다. 뚜힌의 이러한 이미지는 그 누구도 알아주지 않는 권위와 체면으로 경색된 한국인 인호와 대조적이다. 뚜힌에 대한 인호의 인식이 변화되는 지점에서 인호는 자신이 한국인이면서도 한국 내부에서 방글라데시아인들에 의해 추방되는 경험을 한다.

즉 주체와 타자의 위치 전환을 경험하는 것이다. 뚜힌의 안내로 방글라데시아 식당을 찾은 인호는 뚜힌과 시비가 붙은 방글라데시아 청년들로부터 그 식당에서 추방된다. 이 추방의 경험은 사실 한국 내의 이주노동자들이 수시로 겪는 경험이지만 인호는 그 처지가 뒤바뀌면서 극도로 분노한다. 이 분노를 달랠 수 없었던 인호는 이들을 출입국관리사무소에 신고하게 되고 이 과정에서 예기치 않게 뚜힌은 노래방에서 추락해 다리 골절 부상을 입는다. '끓어오르는' 분노를 참을 수 없었던 인호의 신고가 오히려 뚜힌을 부상자로 만들고 추방시킨 이유가 되고 만다.

인호는 다리가 꺽인 뚜힌을 업고 병원을 찾아가지만 간호사는 냉정하다. 간호사는 인호에게 센터에서 왔는지, 보호자인지 물으며 뚜힌을 입원시키려 하지 않는다. 이에 인호는 간호사를 향해 사람이 다쳤다고 항변 아닌 항변을 한다. '사람이 다쳤다'는 인호의 대사는 자기가 들쳐 업고 온 환자의 국적이 중요한 게 아니라는 사실을 환기시키면서 동시에 자신과 뚜힌과의 정서적 연대가 최고조에 도달했다는 것을 관객들에게 환기시킨다. 이 장면에서 인호는 절규하며 자신이 뚜힌의 보호자이며 친구라고 간호사에게 말하는 바, 이제 인호는 뚜힌을 낯선 이주노동자가 아닌 자신이 환대해야 할 친구로 긍정하는 것이다.

이어지는 장면에는 방글라데시아 출국을 서두르는 인호가 등장한다. 태권도 도장을 처분하고 방글라데시아 출국을 준비하는 인호는 분노에 찬 한국인의 모습이 아니다. 이 장면에서의 인호는 한결 가벼워 보인다. 체면과 의무에 얽매이지 않은 자유인의 표상으로 인호는 등장한다. 이 시점에서 인호가 로니를 찾는 이유. 그건 분노를 풀기 위해서가 아니다. 그가 로니를 찾는 이유는 어쩌면 자신의 편견을 완전히 털어버리기 위해서이지 싶다. 물론 이 영화의 마지막 장면, 즉 인호가 방글라데시아의 어느 농가에 도착한 장면에서 그 농가가 로니의 집인지 뚜힌의 집인지 분명하지는 않다.

그렇더라도 이 장면의 인호는 더는 인종주의적 편견에 사로잡힌 인호가 아닌 게 분명. 인호는 좀 더 여유로운 세계 시민으로 새롭게 태어난 것이다. 그는 방글라데시아의 풍경과 뒤섞이고 있고 그 풍경 속에서 더는 낯선 이방인처럼 보이지는 않는다. 이런 점에서 인호의 로니 찾기의 본질은 새로운 자기 찾기라고 할 수 있다. 그리고 인호의 로니 찾기는 뚜힌이라는 유쾌한 이주노동자의 협력과 협조가 있었기에 가능했다는 점에서 이 영화는 한국인과 이주노동자의 소통의 새로운 성취를 이야기한 수작임이 분명하다.

3. 내 마음의 멘토, 진실한 이주노동자와의 소통

「반두비」 역시 이주자들과 한국인의 소통의 가능성을 주요 주제로 설정한 영화. 그런데 「반두비」는 「로니를 찾아서」에 비해 상당히 '불편한' 영화다. 그 불편함은 어디에서 오는가? 이 영화는 방글라데시아 출신 이주노동자와 한국인 여고생 민서의 관계, 더 정확히 말하면 우정과 로맨스가 뒤섞인 이성 관계를 기본 서사로 깔면서 이야기를 전개한다. 그렇기에 다문화주의에 다소 긍정적인 한국 관객들에게조차 방글라데시아 이주노동자와 한국인 여고생의 이성 관계 설정은 정서적으로 불편한 감정을 줄 수 있다.

그렇다면 이런 설정은 어떨까? 만약 이 영화가 영미권 출신의 미남 백인과 한국인 여고생을 로맨스의 주인공으로 설정해 서사를 이끌었다면 관객들의 반응은 어땠을까? 아마 관객들은 이주노동자와 한국인 여고생의 조합에서 오는 정서적 불편함을 느끼지는 않을 것이다. 사실,

방글라데시아 출신 이주노동자와 한국인 여고생를 로맨스의 주인공으로 등장시키는 설정은 관객들에게 친숙한 방식이 아니다. 왠지 이들의 설정은 불편하고 낯설다. 나라고 해서 예외는 아니다.

자 이건 또 뭘까? 왜 나는 이런 설정이 불편해 보인 걸까? 아마도 내 마음 저 깊은 곳에, 이주노동자를 결여의 존재로 판단하는 그런 뭔가가 있었던 듯하다. 이런 점에서 「반두비」는 다문화주의가 일종의 유행처럼 회자되는 오늘날, 한국인들의 여전한 편견을 건드리며 시작하는 영화인 게 맞다. 우선 까림을 재현하는 이 영화의 방식을 주목할 필요가 있다. 이 영화에서 까림은 임금 체불로 인한 생계 위협과 한국인들의 편견을 일상적으로 받는다는 점에서 한국사회가 배제한 타자의 전형처럼 보인다. 그러나 이 영화는 억압받고 고통 받는 까림을 이유삼아 노동투쟁의 서사를 이야기하지는 않는다.

영화가 전개되면서 장면에 따라서는 까림 이외의 이주노동자들이 등장하기는 하지만 이 영화 전반에 등장하는 이방인은 까림이 거의 유일하다. 이 유일한 이방인처럼 보이는 까림은 버스와 지하철 등 한국인들의 일상적인 공간에서 '늘' 혼자 있는 존재로 재현된다. 그는 늘 홀로 걷거나 홀로 서 있거나 홀로 앉아 있는다. 이 영화에서 까림은 매 시간 매 장소 한국인의 경계 바깥에 홀로 존재하는 타자로 재현된다는 것이다. 이 고립된 인물인 까림은 고국의 아내로부터 파혼을 재촉받고 있어 그의 한국 체류는 더욱 행복한 게 아니다.

장면 7-4 늘 혼자 걷는 까림

그러면 이 영화에서 까림은 어떤 역할을 수행하는 것일까? 타자의 전형처럼 재현되는 까림은 여고생 민서의 마음을 열게 한 큰 어른의 역할을 수행한다. 타자의 삶을 강요받는 까림, 게다가 고국의 아내로부터 이혼을 재촉 받는 까림이 과연 어떻게 민서와의 소통을 이어갈까? 여기서 우리는 까림의 내적 대응력을 주목해야 한다. 「로니를 찾아서」의 뚜힌이 수다의 수사학과 유쾌의 감각 등으로 자신에게 강요된 타자의 삶에 대응했다면 까림은 종교적 감수성과 감각으로 대응한다.

그렇다면 민서는 어떤 여고생인가? 까림도 그렇지만 민서도 홀로 존재하는 버려진 인물처럼 보인다. 민서의 엄마는 민서보다 애인 뒷바라지에 바쁜, 어떻게 보자면 부모의 양육 역할을 포기한 철부지 엄마 같다. 그래서일까. 민서는 엄마의 연하 애인에게 "당신은 엄마의 섹스 파트너에 불과하다"고 고함지르는가 하면 자기를 유혹하는 주유소 사장 아들을 거칠게 상대한다. 이 장면들에서 재현되는 민서는 위악적인 소녀.

이 위악은 자기를 방치하는 세상에 대한 민서의 대응 방식이다. 민서는 어른 같지 않은 어른들을 대할 때 자신의 위악을 여지없이 드러낸다. 이 위악이 드러날 때 민서는 분노하는 소녀로 돌변한다. 뿐만이 아니다. 민서는 그 누구도 신뢰하지 않는다. 아니 더 정확히 말해, 자기 주변의 남성들을 신뢰하지 않는다. 그럴 만한 까닭이 있다. 민서 주변의 남성들은 까림을 제외하고 대개 마음보다는 몸의 쾌락을 앞세우는 타락한 남근들인 까닭이다.

다시 민서 주변의 남성들을 보기로 하자. 엄마의 연하 애인, 주유소 사장 아들, 담임 선생, 학원의 원어민 선생 등은 하나같이 타락한 남근들. 이들은 영화 내에서 자신의 몸을 민서 앞에서 수시로 노출하거나(엄마의 연하 애인) 민서를 유혹하거나(주유소 사장 아들) 몰래 마사지 업소를 출입하거나(담임 선생) 시도 때도 없이 한국 여성들을 유혹하는 (원어민 선생) 남성들이다. 약간의 과장 같긴 하지만, 민서 주변의 남성들은 누구하나 예외 없이 성적으로 타락한 남근들의 표상들로 재현된다.

장면 7-5 민서를 유혹하는 남성들

민서는 이 타락한 남근들과 마주할 때마다 고함을 지르든가 냉소하든가 아니면 응징하든가 하며 세상을 불신한다. 민서 주변의 남성들은 하나같이 몸의 쾌락을 구가하는, 그래서 민서의 위악을 더 깊게 하는 타락한 남근으로 등장한다는 것이다. 여기서 감독은 이 타락한 남근들과는 다른 남성인 까림을 배치한다. 민서 주변의 한국인 남성들이 타락한 남근으로 기호화된다면 까림은 순수한 영혼의 남성으로 기호화되고 있다. 까림이 타락한 남근들과는 달리 마음의 공명을 더 중시하는 인물로 재현된다는 것이다. 그리고 이러한 까림의 삶의 방식이 위악적인 소녀인 민서를 성숙으로 이끈다.

그렇다면 외부에서 온 까림과 내부에서 자란 민서는 서로를 어떻게 이해하며 소통을 시도하게 되는가? 어느 날 우연히 버스에서 까림의 지갑을 줍게 된 민서. 그런데 민서는 까림에게 이런 일이 없었던 듯 발뺌한다. 이에 까림이 경찰서에 가자하니 민서가 한 가지 청을 들어주겠다고 하면서 위기를 모면한다. 이에 까림은 민서에게 체불된 임금을 받게 해달라고 부탁하게 되고, 이 일로 늘 혼자였던 까림은 민서와 동행하는 관계가 된다.

그러나 이들의 관계가 처음부터 조화롭게 공명하는 관계로 시작하는 것은 아니다. 민서는 자신의 잘못을 덮을 목적으로 까림의 부탁을 수락하지만 여타의 한국인들처럼 까림이 불편한 것이다. 그래서 민서는 까림에게 자기와 거리를 두고 뒤따라오라고 당부하는 것이다. 민서 역시 까림을 거리를 둘 편견의 대상으로 간주하는 것이다.

그런데 민서는 까림과 동행하거나 시간을 같이하는 과정에서 까림이 순수한 영혼을 소유한 남성이라는 사실을 발견한다. 그는 엄마의 애인, 주유소 사장 아들, 담임 선생, 원어민 선생과 같이 타락한 남근으로 엮이는 타남성이 아니었다. 「반두비」가 자주 보여주는 장면이긴 하지만, 까림은 수시로 신을 향해 경배하는 신앙인으로 재현된다. 그는 신앙의 힘으로 타락한 한국에서 자신을 지키는 건강한 영혼으로 그려지고 있다.

민서는 까림의 배려에 보답하기라도 하듯 자신의 집을 방문한 까림을 성적으로 유혹한다. 물론 이 유혹은 사랑의 감각이 동반된 유혹이 아니다. 마치 보답 차원의 유혹 같다. 이 장면에서의 민서는 환대와 배려의 의미를 이해하는 소녀가 아니라 자본주의적 거래 관계에 익숙한 위악적인 소녀로 보인다. 이 상황에서 까림은 민서의 유혹을 거절. 그런데 역설적이게도 이를 계기로 민서는 까림을 타락한 남근이 아닌 믿을만한 사람으로 신뢰하게 된다. 즉 민서는 이 사건을 계기로 위악적인 여고생이 아니라 마음의 문을 조금만 열어보라는 까림의 메시지를 수용하는 어른으로 서서히 변화한다.

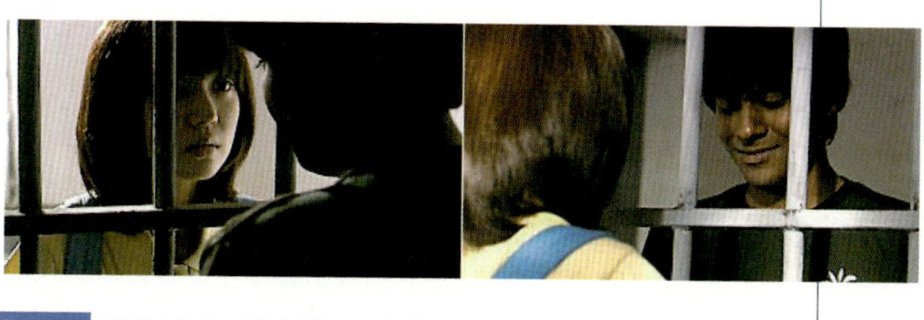

장면 7-6 감옥에서 상봉하는 민서와 까림

이렇게 이 영화의 주요 메시지는 까림으로부터 나오고 있다. 까림이 미선에게 일관되게 전하는 메시지는 그 대상이 누구든 마음의 문을 조금 열어 보라는 것. 미선 엄마의 신고로 까림은 추방되지만, 그렇다고 미선이 자신의 엄마와 격하게 다투지는 않는다. 미선은 역설적이게도 까림이 추방된 그 이후 오히려 마음을 조금 열어보라는 까림의 메시지를 체득한 여성으로 재현된다.

그렇기에 이 영화는 까림의 추방을 민서의 좌절과 파탄으로 연결시키지는 않는다. 미선의 안내로 탈주자처럼 바닷가에 도착한 까림은 어둠이 내린 저 너른 바다를 향해 방글라데시아어로 자신의 울분을 토로한다. 그리고 민서는 자신이 이해할 수 없는 언어로 울분을 토로하는 까림을 응시하며 그의 마음을 헤아리는 소통의 존재로 재현된다. 이 사건 이후 까림은 출입국관리사무소 요원들에게 붙들려 추방되지만 민서는 마음의 문을 연 어른으로 성숙해진다.

즉 이 영화에서 까림의 추방은 민서의 내적 위기를 고조시키는 사건. 그런데 이 추방의 충격을 압도하는 건 민서의 성숙이다. 까림의 추방 이후 이어지는 장면은 고등학교를 자퇴하는 민서, 엄마의 애인을 가족으로 받아들이는 민서, 방글라데시아 식당에서 혼자 식사하는 민서 등이다. 이 장면들에서 민서는 위악적인 소녀가 아니다.

민서는 마음을 열어보라는 까림이의 메시지를 수용한 어른으로 성장했다. 민서를 위악적인 소녀에서 어른으로 성숙시키는 존재가 바로 까림이었다. 까림을 타락하지 않은 순수한 영혼으로 재현하는 방식은 아주 새롭거나 참신한 방식은 아니다. 까림처럼 외부에서 한국의 경계 안으로 들어온 이주자들을 순수의 기호로 재현하는 방식은 다소 낯익은 방식인 까닭이다.

그런데 「반두비」는 그와 같은 낯익은 방식을 위악적인 여고생 민서와 함께 배치함으로써 충분히 설득적인 방식으로 치환하고 있다. 「반두비」의 까림은 「로니를 찾아서」의 뚜힌처럼 고유한 자신의 삶의 방식으로 살아간다. 뚜힌이 그 특유의 낙천성으로 노마드적 방식으로 살아간다면, 까림은 진지한 종교성의 방식으로 위악과 타락을 거부하며 살아간다. 이런 점에서 까림 역시 뚜힌처럼 수난자의 전형으로만 재현되는 건 아니라는 것이다. 까림은 자신에게 닥친 고난에도 불구하고 자신은 물론 위악적인 여고생 민서를 어른으로 성숙시키는 소통의 주체로 등장하고 있는 것이다.

4. 편견, 이젠 사라져라

이 두 편의 영화도 그렇지만 한국 영화에 재현되는 이주자들은 대부분 '착하다'. 「로니를 찾아서」의 뚜힌이나 「반두비」의 까림도 착하지만 「완득이」의 필리핀 엄마도 착하며 「방가방가」의 이주노동자들도 다 같이 착한 인물로 재현된다.

반면 한국인들은 어떤가? 그들은 대개 인종주의적 편견과 위악성에 사로잡혀 있거나 심지어는 극단적으로 타락한 남근의 이미지를 보여주는 결여의 악인들로 재현된다. 여기서 우리는 이주자들과 한국인들이 순수와 타락의 이항대립적 관계로 재현되고 있다는 걸 확인할 수 있다.

그렇다는 건 영화 「히말라야, 바람이 머무는 곳」에서 분명히 드러난다. 이 영화에서 티벳은 타락한 한국과는 다른 신성의 공간처럼 재현된다. 한국이 우중충한 건물과 공장으로 재현되는 기계 공화국 같다면 티벳은 산과 하늘, 바람의 이미지로 재현되는 전근대 세계의 전형 같다. 이 전근대 세계에 속한 티벳인들은 근대체제에서 온 낯선 한국인을 환대한다. 히말라야 고지가가 올려다 보이는 이 오지에서 한국인은 차별받거나 배제되는 이주자로 설정되지는 않고 있다. 이 너른 풍경은 오히려 피곤하고 지쳐 보이는 한국인을 위로하고 용서한다.

사정이 이렇다면 우리는 이 영화들이 이주노동자를 재현하는 방식이 옥시덴탈리즘/오리엔탈리즘적 왜곡이 개입된 게 아닌가 물어야 한다. 왜 이주노동자들은 선한 인물로 반복적으로 재현되는 반면 한국인들은 악한 인물로 재현되는지 질문해야 한다. 이 영화들에서 이주자들은 주동적인 캐릭터로 재현되는 게 아니라 한국인의 계몽과 성숙에 기여하는 보조적 캐릭터들로 재현된다는 의구심을 가져봐야 한다. 즉 이 영화들은 이주노동자들을 단지 침묵하는 타자나 수난자의 전형으로 재현하는 방식을 탈피해 소통의 주체로 재현하지만 여기에는 감독의 작위적 개입이 가능하다는 것이다.

그럼에도 불구하고 이 두 편의 영화는 이주노동자들을 수난자의 전형이 아니라 소통의 주체로 재현한다는 점에서 상당한 성취에 속하는 게 맞다. 무엇보다도 인상 깊은 대목. 그건 이주노동자들을 수난받는 민중과 타자의 이미지로 확정하지 않으려는 이 영화들의 재현 방식이다. 이 영화들에서 이주노동자는 한국적 스타일에 구속되기보다는 자신들의 고유한 삶의 방식으로 자신들의 삶을 구현하는 주체적인 행위자들이었다.

나는 주체적인 행위자로서의 뚜힌과 까림이 좋았다. 그들에겐 그들 고유의 스타일이 있었고 그들 고유의 삶이 있었다. 그들 고유의 스타일과 그에 따른 그들 고유의 삶이 그들을 주체로 살아가게 하는 힘이었다. 그들은 더는 타자가 아니었다.